典范苏州
社科普及精品读本

古镇乡村

——读城——行走苏州——

葛芳／著

苏州新闻出版集团
古吴轩出版社

总序

范小青

当我睁开眼睛，学着看世界的时候，我认识了苏州，认识了苏州人。

小时候，苏州很大，怎么也走不到边，八个城门，就像八个遥远的童话。长大后，苏州变了，不复存在的城门成了永久的记忆。

几十年来，我一直在写苏州，只有写得好与不好的区别，不存在写与不写的问题；只有写不够的饱满感觉，绝无不想写的丝毫念头。

确实，苏州是永远也写不尽的。

我熟悉苏州的一草一木，老城区的每条巷子，城外的每处山水；北边的阳澄湖，西边的太湖。人们在这座城市恬静安乐地生活，这种生活本身就说明了这座城市的不凡。

然而，一代又一代的人，还是忍不住要记下苏州究竟有多好。

因为苏州的独特的好，从古至今，住在苏州的，来过苏州的，甚至只是听说过苏州的，都要忍不住为她写点什么。

只是，一旦提笔，就难免会觉得，大家已经写得够多的了，持续的书写还有意义吗？但同时立刻又会想到，我们之所以能看到今天的苏州，能更深地理解苏州，不都是因为前贤们留下来的一字一字、一书一书、一碑一碑？

所以，记录总是有意义的。

何况是记录苏州。

从伍子胥建城至今，苏州古城有两千五百多年的历史了。再把时间往前推移到泰伯奔吴，岁月的线索就拉得更长了。而有实物考证的历史，比传说还久远，太湖三山岛遗址、唯亭草鞋山遗址，都见证了中国最早的文明。

大家都说苏州城秀美，物阜民安，文化丰饶。其实苏州未尝没有经历过天灾人祸、兵荒马乱，只是这里的人，总是能很快在废墟上重建辉煌。这份坚韧和刚毅，才是最值得我们骄傲的。

面对历史积累下来的无数辉煌，苏州市委宣传部、市社科联和古吴轩出版社联合编辑出版的这套《典范苏州·社科普及精品读本》，选用了一种很特殊的方式来介绍苏州灿烂而独特的文化：听声、读城、博物、品味、识人、传道，六个系列，声色指间，可听可感地把苏州文化娓娓道来。

典范苏州，其沉淀、传承与创新的文化，在中国甚至在世界文化领域都具有一定的代表性、独特性、丰厚性以及它们的传承性和创新性。这些典范特征不仅体现在特色鲜明的物化形态上、门类齐全的艺术形态上，还体现在文化心理的成熟、文化氛围的浓重、文化精神的彰显等诸多方面。可以说，这套丛书所选主题、所涉内容都充分展示了这种典范的特性。

虽然同样涉及昆曲评弹、园林山水、年画刺绣、名贤廉吏等，但这套书和之前出版的一些介绍苏州文化的丛书相较还是颇为不同、富有创意的。图片多，文字又多以散文笔法呈现，读起来轻松，有亲近感。用这样的方式来介绍苏州的典范文化，把那些遥远的传统，更明了更具象地普及到我们这个时代的人们面前。作为一套普及读物，丛书编纂不仅邀请了一批经验丰富的吴文化专家坐镇，还请来一批来自高等学府的青年学者、来自中国作家协会的专业作家，以及一部分崭露头角的青年作者共同助阵。组建这样一个知识体系和年龄层次都比较全面的作者梯队，是希望做到吴文化的有序传承和创新发展，为各年龄阶段的大众读者呈现一个新鲜的、全面的、美丽的苏州。

在这里，典范将一一亮相：《昆曲》，一声缠绵低吟，是苏州人的精致优雅；《古典园林》，文人信步，是苏州人的闲情潇洒；您再走走，《街巷里弄》都藏着故事，您也许就能在巷陌遇见一位唐宋走来的名贤，或是一位抿着笑意的明季才女……其他每一册也有诸多亮点。其中较为特别的，是“传道”这一个系列。《家风》《学风》等都是十分重要的苏州文化内容，影响深远，关乎时代命题，是新的文化使命，把这些内容包含进来，也是《典范苏州·社科普及精品读本》的一个新的探索。

党的十九大报告指出，要加强文物保护利用和文化遗产保护传承，要坚定文化自信，推动社会主义文化繁荣兴盛。《典范苏州·社科普及精品读本》的编纂出版过程，是提升城市文化自信的一个具体的实践。所以，无论是像我这样的老苏州人，或者是想了解、想融入这个城市的新苏州人，都不妨来读一读，或者您就是苏州的一个过客，甚至您只是在诗文戏曲里到过苏州，都可以从这套丛书中欣赏到苏州的诗意景象、文雅风尚、历史积淀、时代风貌，如同身临其境，一定能够真切体会身在苏州的骄傲和自豪，深切感受对于中华文化的自信和热爱。

本

禮爲

碧螺春、银杏红橘

洞庭东山

宝俭堂

王鏊

香雪海

光福

胥王园

伍子胥

王锡阐

震泽

沙溪

“第二周庄”

苏州的古镇和古村都有着上千年的历史，有着独特的气质：粉墙黛瓦的简洁与古朴，小桥流水的诗意与悠然，青石板上回荡着怀古幽思，桨声灯影里沉醉着烟火气。古村落坚持着恬静淡泊的生活，小镇则沿袭千年的民风民俗。吴地丰厚的历史文脉，将我们的目光无数次牵引。

钱谦益、柳如是

红豆山庄

芦苇荡

沙家浜

甪直

叶圣陶、陆龟蒙

鸡笼梅雪

林屋洞

小蓬莱

三山岛

木渎

御码头、御碑、御道

七十二半弄堂

盛泽

赐福堂、禊湖道院

黎里

古里

铁琴铜剑楼

古镇乡村关键词

江南水乡 诗意生活

阿庆嫂

春来茶馆

菊花酒

恬庄古街

周庄

双桥、迷楼

目录

世人不信桃源记，谁知此是真桃源。

——明·张怡

引子

要么读书，要么行走，身体和灵魂必须有一个在路上。

行走——很简单的事：只需一个背包，一双旅游鞋，一张地图，一本旅行指南的书——或者后两者都可免了，凭自己的性情任由游走，你会邂逅一个千年古村落，那里桃红柳绿、茶树满山、竹海依依、流水潺潺，你简直怀疑自己到了世外桃源；你也会撞见一个有着丰厚历史的古镇，那里祥云瑞兆、古风依旧，江南文化的温软感和岁月的沧桑感糅杂在一起，你内心的柔情蜂拥而至：江南好，风景旧曾谙。

江南是块具有强大磁场的磁铁，曾吸引着乾隆皇帝的心。每每莺飞草长之时，他也放逐了自己寻梦之心。乾隆十六年，也就是公元1751年的春天，乾隆首次南巡，御舟经运河，转胥江，折入香溪，在此舍舟登岸。初入江南，乾隆就被江南的惊艳摄住了心魄，我相信，这种惊艳应该如韦庄的《菩萨蛮》所言："春水碧于天，画船听雨眠。垆边人似月，皓腕凝霜雪。"到处是明快的色彩，绿柳、碧天、青豆、红装……莺莺燕燕，娉娉袅袅，这是一片温柔乡、富贵地。

苏州是江南中的典型。你也上路了，向着有小桥流水人家的苏州古镇村落出发了，你在一个明媚鲜妍的春天出发，抑或在潇潇暮雨中抵达你渴盼已久的地方，不管何时何境，你内心充满了在路上的未知幸福

岛

江河湖海里四面环水的小块陆地称「岛屿」，而面积较大的就称为「岛」。岛的形成因素有很多，环境各异，在苏州古镇乡村中，风光旖旎、环境幽绝，有「小蓬莱」美誉的三山岛最为著名。

里

居住的地方，但一般居住人数不多，规模类似于「村」或者比村更小。

浜

小河沟，用于地名，表示临河、湖而成的村落，如沙家浜。

坞

地势周围高中间凹的地方，或指那些四面高而挡风的建筑物。

地名释义

感，而古镇有时就如一个恬静温婉的女子迎面走来，秀而不媚，让你怦然心动。

有些古镇得天独厚，坐落于太湖畔。湖边的诗意生活，让疲惫于城市丛林中的人们心生向往。在那里，你会听到水声潺潺，你会感觉到碧螺春的茶香逶迤飘逸，你会在寒谷仙境里升腾，你会在孤绝清雅的小岛上重拾旧石器时代的历史遗存。

苏州也是一片红尘中风流地。光福香雪海的梅花开了，你一定要抽空去和春天约会；木渎的御游节开幕了，你一定要像天子一样去尝遍江南美味，享尽江南趣韵，去虹饮山房饮酒、品茗、听戏、舞剑；盛泽古镇先蚕祠的小满戏也热热闹闹唱响了，你一定要去拜见一下嫘祖，然后身着江南丝绸衫，雍容典雅款款而出；古里铁琴铜剑楼的书香泽披乡里，你一定也去嗅一嗅这独特悠远的氤氲气。

当然，苏州的古镇除了温婉、精美之感，也不乏豪迈悲壮之意。

行走在胥口古镇胥王庙，什么也不说，你便觉强大的历史感在笼罩

镇

镇最早为军事据点，古代在边境驻兵戍守称为『镇』。宋以后称县以下的小商业都市，现多为县之下，与乡同级，比乡经济发达的行政单位。苏州的古镇大都有着百年以上的历史，邻水而成，风光秀丽，物产丰饶，文化底蕴深厚。

巷

城中的弄堂，人们共同使用的道路。苏州有不少村落因巷子闻名，并以『巷』命名，如陆巷古村，因村中有六条直达太湖的巷弄而得名。

湾

水流弯曲处，岸边凹入的陆地，便于停船的地方，早期易集聚人口，形成村落、码头，商贸较为发达。

泽

泽是水聚集的地方，以泽命名的古镇古村常取水乡泽国之意，风景秀丽、物产富饶。

着你，金戈铁马江湖梦，梦里依稀仍是伍子胥奉吴王阖闾之命建造苏州城的忙碌场景；行走在太仓浏河古镇，看着滔滔江水，你会被当年的六国码头的气势所震撼，江海雄风吹起，郑和七下西洋的伟大远航在这里开始。

清冷的早晨，有时，你会被鸡叫唤醒；斑驳的墙旁开着妖娆的花，院子里，农具歪斜地靠着；评弹声若有若无地从收音机里传出，老人坐在藤椅上打瞌睡。人生是场往好里做的梦——这种散淡随和、春花秋月的生活是最好的归隐处，你是羡慕不来的，你最多在这儿小住几天，但身心放松了，你完全成了一个自由的人，如此无拘无束，如此丰盈，如此充满活力，如此有善性和深不可测的慈悲。

青石板上回荡着怀古幽思，小桥流水见证着往昔旧梦。

你行走过了，你的天空里便有了江南锦衾薄的痕迹；你行走过了，你的记忆里便有了苏州梦觉难辨的沉醉迷离之感。江南苏州，苏州古镇，前世今生，最堪寻梦啊。

壹

太湖畔

——栖息在太湖边的诗意生活

有些古镇得天独厚，坐落于太湖畔。湖边的诗意生活，让疲惫于城市丛林中的人们心生向往。在那里，你会听到水声潺潺，你会感觉到碧螺春的茶香逶迤飘逸，你会在寒谷仙境里升腾，你会在孤绝清雅的小岛上重拾旧石器时代的历史遗存。

东山：逶迤飘溢，风物清嘉

“潇洒太湖岸，淡伫洞庭山。鱼龙隐处，烟雾深锁渺弥间。”宋朝苏舜钦游走在太湖岸和洞庭山之间，认为自己心情淡定，生活很逍遥、很潇洒。他罢官免职闲居在苏州，日日纵酒于山水之间，在当下看来，这是多么朴素、本真的生活概念，呼吸新鲜空气，吃环保绿色食品，没有股票、楼市等概念，唯有一杯吓煞人香在手。

这是洞庭东山特有的感觉——春夏闻瓜果飘香，迎十里春风；秋天“尝新掘泥笋，代饷剥枯栗”；冬天赏梅登高，日子从风干的橘子里一瓣一瓣品出来，充满了甜味。苏州乡贤范仲淹在望湖饮酒时忍不住轻叹“万顷湖光里，千家橘熟时”，村人们把黄澄澄的橘子送到他手上时，更是乡情弥漫。另一位姓范的南宋名臣、诗人范成大流连于翠峰寺，写下“借问翠峰路，谁参雪窦禅，应真庭下木，说法井中泉”这样澄澈清朗的禅诗。唐代边塞诗人王昌龄客舟江南，当他被江南特有的蒙蒙水汽给浸淫时，也挥笔写下了“水宿烟雨寒，洞庭霜落微”。

洞庭东山，轻吟浅读，极富音韵美，如水滴从瓦当上成串而下，如青花瓷上少女的一帘幽梦。我记不清去了东山多少回，春天有春天的美，夏天有夏天的好，秋天有秋天的韵，冬天有冬天的神，总之一年四季，东山的精致奇绝澹荡，风物清嘉。

碧螺春

春分以后，万象更新，一切都是蠢蠢欲动的样子，我也驱车到东山老友家中，去看他的碧螺春茶园。据朋友介绍，碧螺春某种程度上就是一个活化石，千百年来它有三个不变：品种不变，种植方式不变，制作工艺不变。它就是单传，现在我们喝的碧螺春与唐代茶圣陆羽喝的品质是一样的。娇柔的嫩芽被采摘被精心拣剔后倒入铁锅，一双粗壮黝黑的

茶农在采摘碧螺春。在某种程度上，碧螺春就是一个活化石，千百年来它有三个不变：品种不变，种植方式不变，制作工艺不变

大手深入锅底急速翻转，当茶香随着温度的升高渐渐溢出时，深呼吸，天地精华之幽香全都倾入肺腑，这是何等的舒畅！

朋友妻仍弯腰拣剔着，鲜叶摊放在竹篾筛子中，实则也是个轻度氧化过程。迎着晨曦，她清早就去采摘嫩芽。她家的茶园在山之巅，阳光朗照，雨水充沛，因此茶的品质和色泽都特别好。忙乎了一天，下午三时朋友就开始炒制。不炒隔夜茶是他们的制作要求。当一杯明前碧螺春茶递到我手上时，我轻嗅细品，暗香浮动山朦胧，我似乎看见当年康熙在避雨时偶遇的背着茶篓的山姑，而山姑热情款待，捧出一杯吓煞人香的野茶，让康熙有了回味辽远的神思，他轻摇折扇，说，换个名，叫碧螺春吧！

碧，螺，春。

轻轻盈盈，娇娇小小，明明白白，弯弯曲曲——春天里的迹象、春天里的气息，春天里的芳香，全都汇聚于此，在一杯清茶的品鉴中，太湖风月一壶收。

这是属于洞庭东山的风雅。

银杏红橘

到东山古镇随便转转，便可遇见千年古银杏树。

深秋，金黄透亮的银杏叶一片一片、密密匝匝散落在地上，似乎在皈依母体，又似乎在做灵魂的告白——高贵、纯洁、绵长。轻轻踩上去，咯吱咯吱的声响仿佛在告诉来者，一切的历史烟尘会随着时间的流逝而殆尽，而“希望”、“和平”仍是人类生存的美好愿景。抬头仰望，银杏树高干粗，虬枝凌空。

东山镇北芒村岭下的老银杏树王，树龄已超过两千年。吴语中“北芒”与“北望”同音，据说两千五百年前古吴国为防止越国偷袭，在太湖前线设立南、北两个“瞭望哨”，村子才得此名。这棵雄性银杏树与古村落相得益彰，共同迎接风霜雨雪，夏天华盖浓荫，遮天蔽日，是纳凉消暑的绝胜佳地。由于一百多年前遭受雷击，古树如今只剩下四分之一的树身，但其腰围仍达三点七米，两个成年男子合抱亦显困难。

摄影家们自然是不会错过这金秋送爽的季节，他们隐匿在太湖芦苇边一角，等待着日落壮美销魂的一刻，抑或端着相机，在一排排古老的银杏树前俯仰取镜。村人们忙着拿竹竿打白果，院落地面上晒的都是白果。白果是福，可治哮喘、咳嗽、白带、尿频……银杏树可带来极好的经济效益，当地人也称它摇钱树。

在东山古镇溜达，会被家家户户前庭后院栽着的红橘所迷醉。它们沉甸甸地挂在树梢，洋溢的是家常的欢乐。主人邀你一坐，泡上一杯碧螺春茶，剥几枚红艳艳的红橘，放眼看远处太湖的白帆片片、沙鸥翔集，你会感慨人生的情趣原来就在这平常日子里，殷实、朴素、祥和、丰满。

当然，吃红橘的时候可别小看了它，它可是唐朝时的苏州贡品，被称为“贡橘”，味甜、多汁、络少、色艳，采下来装入竹筐，裹上松针就能储藏到春节。

“一年好景君须记，最是橙黄橘绿时。”洞庭东山的秋天是韵态十足的，它把张艺谋吸引过来，演绎了《摇啊摇，摇到外婆桥》，又把李少红的目光牵拉过来，拍摄了《橘子红了》。早在两千多年前的《尚书·禹贡》里就记载着两岛产橘。遥想当年，太湖边上，中国最早的专职果农在东西山岛上辛勤栽种，每每丰收之时采橘装船，沿太湖水系南上北下，

东山家家户户前庭后院都栽着红橘，金秋时节，橘子沉甸甸地挂在树梢

往来贩运，好一派热闹光景！

启园

进入东山，太湖水变得格外清澈、透明、宁谧，仿佛得了秘笈，静如处子，不温不火。让行者随着潋滟波光翻飞思绪，让观者尽情体悟岁月静好的味道。

翠色滿湖
御碼頭
山分林色歸紅葉

启园的御码头。康熙第三次南巡驾临苏州东山，即于启园御码头登岸。御码头与柳毅井、古杨梅树被并称为『启园三宝』

不知不觉间，来到东山镇的杨家湾附近，一座私家园林——启园就这样清清静静地端坐着。启园，俗称“席家花园”，1933年席氏为纪念其祖上在此迎候康熙皇帝而建。和其他园林一致的是它有着宛若天成的假山飞瀑、亭台楼阁、廊坊斋馆，镜湖厅、五老峰、融春堂、浮翠榭、古柳毅井……一路走来，皆让游人赏心悦目。

再往里走，当我经过环翠桥，一直来到太湖边御码头时，我张开了双臂，迎接来自八面的风。还有哪个私家园林有这气度与福气和太湖直接相连？“万顷烟波一碧秋，飘飘随处任轻舟。踏歌听立忘机鹭，击楫惊飞熟梦鸥。”这是唐代诗人薛据在太湖边梦的呓语。在精致的园林中挥臂即得这无边的风月，无怪乎湖心亭的匾额上题着“虫二”两字，细想，将繁体的“风”（風）、“月”去掉边框不就是“虫”、“二”两字？

风不算大，充满了情感。康熙六下江南亦成美谈，第三次南巡驾临苏州东山，于启园御码头登岸。当他回首东山这物华天宝、人杰地灵的土地时，不免有“普天之下莫非王土”的骄傲，而盈盈太湖水，似女子含情脉脉地看着他，他动情了，是故此情此景，让他留下了“翠色满湖”的感慨。与君一别，何时归？

据说，当时参与启园规划设计的蔡铣、范少云、朱竹云都是当时首屈一指的书画大家，他们以明代王鏊所建“招隐园静观楼”的意境风貌精心设计，“临三万六千顷波涛，历七十二峰之苍翠”，使整座园林寓意深邃，尽得湖山之胜、之美。

清风拂面，神游八荒，想当年国学大师钱仲联也在此处徘徊又徘徊，他看太湖中七十二峰隐约起伏，于是在笔记里写下："如绝代仙鬟凌波散步，极空旷冶美之观。余览胜探幽，尽半日而未穷其半，不禁喟然言曰：华严神境、佛家幻相而启园能观之；大观名楼雄视西南而启园能胜之。"

芥子纳须弥。小园林容大太湖，这需要智慧和通透。

藏山纳湖、移步易景的启园

莫厘峰

启园的依托不仅有浩瀚的太湖，还有园外巍峨的莫厘峰。游于园中，可见青山隐隐，雾霭缭绕。东山莫厘峰和西山缥缈峰隔湖相望，对峙于太湖之上，各具风姿。

我上莫厘峰是隆冬之际，一个人搓着手，直哈气，空气清冽，我觉得我一定要出去走走，如此，我的心才能落到实处。在古巷细弄中不知穿梭了多久，经村人指点，我来到了雨花胜境之处，牌楼高耸，雕刻精美，阴面为“逍遥自在”四字，书法为席家后人席时珞所书，东山本地人都认识这位书法家，我在新疆异域逗留半年，竟也有机缘见得这位书法前辈，实属幸事。

当然，此雨花和南京雨花有所区别。东山山坞中花果葱茏，繁花似锦，每至春末，风吹花洒，飘落如雨，雨花胜境因此得名。我拾级登山，细细雪花飘洒，石阶有些打滑，山谷幽静，我放下心来，一步一个脚印前行，不久就到石桥背后，一座座石兽石像伫立其中，白石青石交错其间，我并不害怕，仿佛得了仙人指引，认真研读起碑上刻纹，有的可追溯到清道光年间。

半山后，我来到了慈云庵，几位居士在屋内叠纸钱。雪愈加飘飞得大了起来。白雪皑皑之中，慈云庵土黄墙白垩瓦掩映其间，尤显得鲜亮。它危然孤峙，有禅家独坐大雄峰的朗然逍遥。香烟缭绕着，直上青天，我的肺腑里装满了清冽洁净的空气。偌大一个山林，唯我在用心体验，这是上苍赋予我的良机。问山，不一定要择良日，任何一日，都是好日。我越发鼓足劲，登至山头，漫天雪景，犹如置身虚瀚空蒙混沌大气之中。

莫厘峰，得名于莫厘将军。莫厘将军，生于隋朝，捐宅为寺，战骨埋在大榆树下。王鏊笔下的莫厘峰是春天里的模样，“微雨发春妍，春风花

莫厘峰是苏州东山的主峰，是太湖七十二峰中第二高峰。莫厘峰就在东山镇之侧，其山脉呈鱼龙脊背状，绵延起伏，气势雄伟

外软。良朋约佳游，遥指莫厘巘”。冲着这首诗，也该在春天再走一遭。

紫金庵

仍记得若干年前和书法家同游紫金庵，是在百花凋谢的暮春。那个时日，几乎每过一段时间就会计谋着上哪儿去寄存肉体凡身，而将灵魂游荡于山水之间，永得清雅。桃花谢了，山茶花谢了，海棠花谢了，一茬一茬的花儿谢了，然而在山林里又冷不丁寂寞地冒出一两枝来，让人忍不住有“涧户寂无人，纷纷开且落”的王维式禅境。王维早年信道，后来参禅理佛，读他的诗歌，淡远玄妙。

紫金庵坐落在东山西卯坞内，周围重峦叠翠，房屋数间，深藏不露。紫金庵门上有当代书法家费新我提的四个字“古紫金庵”，古朴低调。我和书法家踏脚进院子时安静得能听得见庵堂藤椅上猫咪的呼噜声。一殿一堂，格局不大，但庵里保存的罗汉塑像却是我国雕塑艺术之精华。这些罗汉塑像相传是南宋杭州民间塑手雷潮夫妇的作品，已有八百余年的历史。

瞧那正中的释迦牟尼佛像，眼睛微闭，眼睑下垂，无论从哪个方位看，释迦牟尼的“慧眼”始终在安详地关注着芸芸众生。两位弟子迦叶和阿难侍立两旁，烘托出主佛的崇伟与庄严。独立鳌头的望海观音在大佛的背后，她神情优婉，颇有唐塑“吴带当风”之势。大殿两边的十六罗汉，比例适度，神态逼真，或沉思，或假寐，或讪笑，或愁思，或讲经，或听经，或钦叹，或藐视……书法家在一旁沉吟：“可谓佛光普照，殊途同归啊！”

精神超乎，呼之欲活，真怀疑刹那之间众罗汉们会欣然从墙上纷纷走动下来。我屏息凝神，在院内粗壮高大的桂花树下静坐片刻。

古紫金庵。明代东山诗人顾超有诗赞紫金庵：『山中幽静处，当以此居先。绿竹深无暑，清池小有天。笑啼罗汉像，文字道人禅。最好梅花候，高窗借过年。』

这十六罗汉整整消耗了雷潮夫妇十六年的光阴，他们研究《法住记》，苦苦揣摩罗汉的形象，又从人物内心世界入手，在制作过程中不断探索和研究，因此留下了接地气的艺术瑰宝。这些罗汉像与苏州甪直保圣寺、杭州灵隐寺的罗汉像齐名，后二者皆因年代久远而散失不全，唯有东山紫金庵仍为故物，实属难得。

在紫金庵内，我们还留意到罗汉堂前挂有弘一法师题字的匾额“妙相庄严”。其书法不蔓不枝，结体修长，给人一种清寒悲凉之感。我们聊到了大师临终时“悲欣交集”之绝笔，一代才子李叔同在中年时候华丽转身，从此遁入空门，而今我们在这样的年龄，这样的庵堂中解读他的心态，想来也是一种特殊之境吧！

轻轻推门而出，池塘里的睡莲饱蘸精神，但还未开花。门口两只石狮子扭着身子调皮地冲人咧嘴大笑。

雕花楼

先说一段轶事。相传，当年俞樾殿试，礼部以“淡烟疏雨落花天”为题，当众人为“落花悲伤”束缚之时，俞樾打破常规，以“花落春仍在，天时尚艳阳”开篇，博得了阅卷大臣曾国藩的赏识，夺得保和殿复试头名。这名句不胫而走，东山一座著名的仿明民国江南住宅建筑就取名为“春在楼”。这春在楼“楼无处不雕，雕无处不精”，以精湛的雕工艺术被亲切地称为“雕花大楼”。

东山雕花楼。雕花楼以其雕刻精美、结构奇巧，被称为『江南第一楼』

雕花楼值得一看，虽然距今不过百年。主人是民国初年的棉纱大王，土豪成色十足。历史的繁华与昌盛有时就停留在具体的物象上，人去楼空，但传统文化存留了下来，尤其是以香山帮匠人为代表的苏派建筑。香山帮匠人出手，将精当细致的雕工艺术发挥到了淋漓尽致、无可复制的地步。

仰头看，雕梁画栋让人目不暇接。砖雕门楼上的灵芝、牡丹、菊花、兰花、石榴、蝙蝠、佛手、祥云等物，含有“长生”、“富贵”、“多子”、“福气”、“菩萨保佑”等意思。而“八仙上寿图”则把八仙飘然赴宴的动态展示出来。“鹿十景”中鹿的十种姿势惟妙惟肖，或回首顾盼，或踔跃蹦跳，蕴藉了闲逸、愉悦的韵味。“尧舜禅让”和“文王访贤”的传奇故事被建筑匠师定格在了两块小小的砖雕斗方之中，不得不让人叹为观止。

继续往前走吧，这里是雕刻的艺术世界。主楼下大厅中的所有梁、柱、窗、栅无所不雕、无所不刻，仿佛唯有如此，才能把时光的流逝、岁月的沧桑给彻底留住。松鹤延年、太公八十、凤穿牡丹、和合二仙、二十四孝、八仙过海、三国演义、西厢记等等，都被镌刻在了春在楼。那位年轻的雕花匠生过天花，从此开了天眼，他在江南一隅任光阴流转，凡是人物山水、花鸟虫鱼经他手雕刻似乎都得了仙气，栩栩如生。如今留给人们的是无限遐思和瑞兆。

我记不清和谁一起去了雕花楼，好像喊喊喳喳一堆人。二十年前，我年轻得如春天里路旁的一朵垂丝海棠花，阳光透过缝隙洒在马头墙上，我痴痴幻想，倘若我是民国姑娘，生活在雕花楼这样的江南老宅里，尽享园林之精华和楼阁之情趣，该会完成怎样一种人生？

陆巷：寒谷仙境，宰相故里

秋冬之交，太湖水染着烟愁，萧萧芦苇默然里伏着些许声响。寂寥的枯枝、孤独的扁舟，寒气扑面——太湖的精气神就在这里，绵长、辽远，虽然萧瑟，但不枯竭，它于无言中饱蕴着期待，等到春风一吹，这里必定又将被充盈、丰沛、生生不息的万物所填满。

车子在太湖之滨停下，陆巷古村到了。一眼望去，确是“山抱村落林绕屋，青峰楼阁架碧空”的诱人山村风貌。“好一块风水宝地！”已经有南京的朋友在艳羡了，依山面湖，山村处在一个封闭回合、负阴抱阳、藏风聚气、气势壮观的地理环境之中，这里的风水要素可以说是俱全了。

一脚踏进陆巷古村，众人屏息，这分明是世外桃源、蓬莱仙境啊！“寒谷渡”牌匾高高挂起，渔船停泊随意飘荡，马头墙巍然耸立，寒鸦绕孤村，蜡梅竞相开放——我多次来陆巷，每一次来有每一次的沉醉。这村边的寒山岭便是俘虏旅行者的第一撒手锏。“寒山落照”即为东山八景之一，每当傍晚，寒山岭上薄雾与炊烟交融，在夕阳余晖的照映下，古村宛若披上了一层飘拂的轻纱。而寒山又是眺望太湖胜景的绝好之地，登临其上，远山近水，尽收眼底，浩瀚的太湖烟波浩渺，水鸟飞翔，群岛浮立。呜呼，此情此境，人可为神仙中人，可以涤尽世间烟火气，尽情遨游于江山之色！

紫石街

我们在陆巷紫石街上伶伶俐俐走过，仿佛听得见《聊斋志异》里的天真烂漫的婴宁憨憨的吃吃笑声。她隐遁在高低错落的村居里，消失在碧波荡漾的河港中，抑或，混迹在村姑中，在黄石砌筑的水潭边洗刷，听孩童在嬉戏……

沿着蜿蜒的山道向上走，山道边是一道道依坡而筑的石坎，层层叠叠，形成了错落有致的片片果林，果林中弓背的山农肩背勾篮，脚踩八字木梯在修剪果树。橘树成林，红红点点，枝头上、树根旁、山坳处，到处都是熟透了的橘子，果农们已经荒于采摘——而游人大呼小叫，他们从喧嚣的城市赶来，看见密密匝匝的原生态的自然景致，觉得不可思议。鸭子嘎嘎沸腾着，从这棵果树钻到另一棵果树下，这是它们的乐园，其实这里除了橘树，还有数不尽的枇杷、杨梅、青梅、茶树……

回到那条紫石街。因为无论走哪个岔道，终究会回到紫石街。名字也是诗意的，行走起来更有云淡风轻的飘逸感。街巷长约一公里，由花岗岩条石铺成，石面被磨蹭得十分光亮，老街两侧古宅毗邻，库门林立。石板街下有暗河，排水良好，故有“雨后可穿绣花鞋”的说法。道边镌刻着上下轿马标记，石阶上凿有人力车轮辙，让你恍然觉得这里曾经也是繁华盛世、雍容之地。

陆巷古村中心的紫石街。一段并不宽敞的古街上矗立着『解元』、『会元』、『探花』三座牌坊，此为『解元』牌坊

一直沿着紫石街往前走，我们来到一个民国时期建筑物旁，抬梁式的木架结构，底座是用砖块堆砌而成，简易朴素。我们在猜想它的主要功用。有人拍脑袋说：“菜市场！”果然，这是陆巷古村的菜市场，不过，他们当地人称早市，当地人勤快，早上五六点钟就要起床购置果蔬，冬天夜长昼短，在没有电灯的年代，这里的人儿都是提着灯笼去买菜。赶早市的习俗沿袭至今，我们十点到，看到的只有空荡荡的石砖条货摊，一

两位老人坐在门前晒太阳闲聊。

菜市场前有一口清代古井，旁边放着打水的吊桶，我一时兴起，便用铁皮吊桶打水。大概姿势不对，来回几下未取得清冽井水，同行的人笑着说：“看来你小时候农活干得不多。”众人争抢取水。果然，水质清澈甘甜。

山中宰相

我一直在蓄势，目的是想推出陆巷古村的灵魂人物。

其实我一落笔就应该提到他——明代宪宗、孝宗、武宗三朝元老，内阁大学士王鏊（1450—1524）——当地人称之为宰相。陆巷是王鏊的故里，王鏊是陆巷的骄傲。明成化十年（1474），王鏊在乡试中取得第一名“解元”；翌年，会试又取得第一名“会元”；又翌年，殿试一甲第三名“探花”，一时盛名天下。

“天下奇士”是少年王鏊靠文章挣来的名头，因为独具匠心和妙笔生花。身为尚书和大学士的他，在自己位置上也上书提出了“加强边防，整治军队”和“严格科举、以收异才”等合理性的建议。而在与明代历史上出了名的大太监刘瑾的斗争中，王鏊不止一次拍案而起，保下一批忠臣。然独木难支，正德皇帝的荒淫昏庸，让王鏊陷入了古代知识分子的一个永恒的两难抉择——仕或隐。

“活着，还是毁灭，这是一个值得思考的问题。”这是莎士比亚的困惑，困惑的时间恰好对应中国的明朝。苏轼作为士大夫的典型，游走于儒释道之间，也是用仕与隐作为自己人生之桨而秉承自己一贯超脱豁达的风格。身在京城的王鏊，看惯了钩心斗角，看淡了功名利禄，或许唯有故乡“狗吠深巷中、鸡鸣桑树颠”的田园生活才是他依依惜别的深情。于是正德四年（1509），王鏊接连三次上疏辞职，并于六十一岁那年获准告老还乡。

惠和堂是明基清建的大型古代厅堂建筑群，为明代户部尚书王鏊故宅

虽然不是青春作伴好还乡，但能远离蝇营狗苟的官场，王鏊精神抖擞，面临太湖深吸口气，一切还原到童年梦境，白帆点点，渔舟唱晚，花间小坐夕阳迟，香雪千枝与万枝。他游走于青山绿水间浑然忘我，“西来暝色一帆孤，才见青山忽又无”。那洒脱萧散清逸之风直接影响到他的学生。

在紫石街上漫步，最震撼人心的是明代遗物——探花、会元、解元三座高大雄伟的青石牌坊。当然，王鏊绝对有资格获得状元这一殊荣，是明朝科举考场中卑鄙肮脏的内幕导致他只得“探花”。是谁在王鏊面前挖了一个巨大的黑洞？博士生导师范培松教授曾在《钟山》杂志上发表散文《惠和堂“黑洞”》专门论及此事。牌坊斑斑驳驳，但飞檐翘角在夕阳的映照下显得灵动，鸽子盘旋于上方，来往的村民挑担行走其间，似乎岁月从未在这里流走，流走的仅是不古人心。

走进惠和堂，能嗅得到古远的气息，空荡荡的桌桌椅椅仿佛动了起

来，唐伯虎、祝枝山等江南才子正围绕着他们老师王鏊谈禅论机。面对老师的潜心学问、文章尔雅，唐伯虎忍不住高度表扬，“海内文章第一，山中宰相无双”。他们师徒几人达成了共识，坚决不仕，徜徉山水，“闲来写就青山卖”，这是最隐逸的、超我的、自然的、畅达的人生方式，是千百年来中国知识分子苦苦追求的另类的理想生活。王鏊在晚年做到了，史书称其“不治生产，唯看书著作为娱，旁无所好，兴致古澹，有悠然物外之趣”。

王鏊回到故乡陆巷，如鱼儿回到水中，不消说，那番滋润闲适是何等逍遥了。他在紫石街上踱步，茶肆酒馆的栅板店门一开，他就和乡人们品茶、饮酒、聊天，春天闻着橘花香做个梦，夏天在荷香里赋诗一首，秋

惠和堂内景

天登高眺远，冬天就着簌簌雪花温一壶老酒。七十五岁那年，他离开了人世，其荫庇后世，福泽绵长。

叶家老宅

很多人感慨，当峨冠博带早已零落成泥之后，一杆竹管偶尔涂画出的诗文，竟能镌刻山河，雕镂人心，仿佛一直就伫立在那里，未曾离去。在东山陆巷，能与王鏊故居相媲美的还有一处，是宝俭堂，其主人是宋朝大词人叶梦得。

阳光朗照着宝俭堂，江南园林的小巧精致在日光下熠熠生辉。

有人在假山半亭中闻梅拾香，有人独自在游廊里穿梭。几乎每一次友人远道而来，我便下意识驱车带他们到东山陆巷古村。在幽深的小巷里走上一遭，看那竖砖铺砌的路面，冒出青葱的小草；几段连接的院墙，紫门半掩，矮墙半截，花树茂盛，红杏春意闹；忧伤的小狗匍匐在茵茵绿草上，让人滋生出无限怜爱。在农家乐里点上太湖三白：银鱼炒蛋、清蒸白鱼、盐水白虾，味道好得无以言说。

更有诗韵的是，叶家老宅于此。叶梦得作为叶氏家族的代表人物，其文学成就声名显赫。历任翰林学士、户部尚书、江东安抚大使等官职的他在宋王朝一味向敌妥协求和之时，发出了豪放的慷慨之气：

缥缈危亭，笑谈独在前峰上。与谁同赏，万里横烟浪？

老去情怀，犹作天涯想。空惆怅！少年豪放，莫学衰翁样。

谁也不会料想原本属婉约派词人的他，在遭遇亡国之恨后词风陡转，开拓了南宋前半期以“气”入词的词坛新路，盖显英雄气、狂气、逸气。然报国无门的他，最后只能在江南闲庭小院中看那轮残月孤照，宝俭堂的飞檐吊脚、亭台楼阁无处没有映衬到月光的哀思。一寸寸，一丝丝，竟至褪了色，衰了微光，但诗书传家的古训没有改变。

壶中往事

我们在陆巷码头的酒楼饮酒。

推窗即是无边无际的太湖，清风入怀，怎一个爽字了得！

温几壶热热的黄酒，尝一尝当地的菜肴，忽然觉得人生就是一寄，若能寄到陆巷古村成一尾鱼、一枝梅花也是愉悦的。同一桌的本地人发话了："在陆巷，经常能看到鬼影幢幢，村人们都不怕。什么无头鬼啦，穿着清朝服装的女鬼们啦，他们会在紫石街上穿街而过——陆巷的历史太古老了，可以追溯到南宋时期，一代又一代的祠堂，一个又一个的祖宗，他们闷了也要出来走走，散散心，但不会伤及子孙。当然外人是瞧不见的。"

这不免让我们都有了鬼魅的神思。

太湖的涛声隐约中充满了节奏感，似母亲轻轻哼着眠歌在拍打摇篮中的孩子。畅饮到午后两点的我们，也有了朦胧醉意，少了思虑杂念，多了怅望与念想。回望高低错落的江南古建筑群，依稀觉得是到神山仙境中度了一个时辰，那般清澈、干净！

如梦令

陆巷村，凭栏眺望，能听得见水底鱼吃水草时的波波声。有人戏谑，说它们在亲嘴，实则它们在吃水里的微生物，太湖年初就放了许多鲢鱼苗，以此控制蓝藻的生长。

马海子一团一团，这些小虫子，一不小心就会迷了人的眼，它们寿命极短，似蜉蝣，朝生夕死。在野外，它们成群聚集，黑压压一片，似李贺

诗：黑云压城城欲摧。

一个女子，跨双肩包，坐在农户人家的青石台阶上。有人和她搭讪，单身女子并不扭捏。说是要到码头上，乘大轮，到湖中的三山岛，住上十几天。岛居幽僻，空气清新，对身体疗养会有帮助的。她似有孤独之色。

农田，粪土味，一水护绿。村人说，若到夏秋之交，有无数白鹭盘旋，颇为壮观。菜畦里蚕豆开浅紫色的小花，苋菜、大蒜、萝卜，全都水灵灵的。我还尝到了一种名叫鹅馄饨（也称鹅抬头）的野菜。走进果园，低处碧螺春茶树露出纤纤嫩芽，再过上一周左右，天气温润的话，即可采茶。高处橘树和枇杷树交错伸长枝丫，形成遮天浓荫。

与友人穿村上山，至观音堂。见翁媪闲坐，其中老妇手制冥币，用剪刀一轮一轮修出。犬吠，疑惧。友人携我手，坦然而过，黄狗却在树下摇尾乞怜。爬坡，只觉心喘。村妇打山中井水，泼洒满树。

直上，坐山腰石块，远望，迷离惝恍，千态万状。山，翠色攒空；水，含蓄含态。执手相望，蒙蒙虚色，终不知絮叨个梦令何时醒？

金庭：千回百转，水声潺潺

当车子从渔洋山麓驶上太湖大桥，经过长沙岛、叶山岛，最终到达西山岛时，我感觉是在轻舟里摇曳。清风吹拂，脸上有一层蒙蒙水汽，而放眼整个太湖，波光潋滟。太湖大桥全长四千三百零八米，共一百八十一孔，分三段，各有其特色。一号桥最长，二号桥最高。二号桥中心的桥孔，就连太湖中最大的七桅渔船也能扬帆而过。三号桥最精致，贴水而筑。桥岛绵延五千多米，起伏逶迤，妩媚多姿。伫立桥中央，可一揽湖山胜景，东望吴江，南眺湖州，西看宜兴，北对无锡。这超薄型、低卧式、乳白色的太湖大桥，酷似玉带连翠，长龙卧波，又如飞舞银

链蜿蜒飘落在群岛之间。桥连岛，岛连桥，因水有桥，因桥生景。大桥与太湖风光浑然一体，气势恢宏。

这桥，1992年正式动工，据当时的新闻报道，当省计委批准建造大桥的消息传出后，吴县人民欢呼雀跃，当县委县政府决定自力更生筹集巨资建桥后，太湖儿女踊跃捐款。的确，若没有此桥的存在，西山岛的百姓摆渡到对岸，再辗转到苏州城里，最起码要一天的周折。现在方便了，出入自由，可以半天在岛上逍遥，半天去城里办事。

踏上西山岛，见一块巨大的岩石写着“金庭”两字——2007年，西山镇改名为金庭镇，应该也有它的道理，金庭在道教中的含义即是天上神仙聚集之处。这里适合神仙出入，那飘香的洞庭碧螺春茶、清脆的青梅，黄金果似的枇杷，无不让驻足此地的人流连忘返。“夏至杨梅满山红”，这漫山遍野的杨梅早在明朝的《姑苏志》中就被称为“吴中佳品”、“味不减闽之荔枝”。秋天玉露生寒，橘子红透，波光粼粼的湖面上，捕捞水产的一叶叶扁舟、一张张船帆成了水墨画里最有韵态的地方。即使是万物萧瑟的冬天，仍有许多物产等待人们去品尝。芦荻吐着白色，让太湖显得空旷辽远。有时候，这里会下一点小雪，那时候，枝头上，屋顶

上，山上，马路上，到处都银装素裹，别样的高洁之美让人们深信那里是真正的天堂。

林屋洞

这里确实有道教仙气。

云雾叆叇，疏篱梅蕊。太古风浩浩长存，烟雨春空蒙。水天一碧，时而有鸥鹭飞过，绿水映芙蓉，向晚风徐徐而吹。

我不知道李白是否来过西山，他有首诗歌倒是和此处的西山有偶合

林屋洞内奇石遍布

绿意盎然的林屋古洞入口

之处："问余何意栖碧山，笑而不答心自闲。桃花流水窅然去，别有天地非人间。"(《山中问答》)"西"字旁加上一个"木"字，仿佛也在告诉众人这里是最好的诗意的栖息之所——可以随心所游，过最简单朴素高古放逸的生活。

那就先到"天下第九洞天"的林屋洞去看看。志书记载，大禹治水时到达林屋洞，并在洞内石屋藏匿了天书(素书)。相传春秋末年，吴王阖闾曾遣凌威丈人入洞觅得天书。汉代时，林屋洞被道教中人所居，到了唐宋之际，这儿被辟为道教圣地，历代帝王每年派遣使者至洞内举行"祭龙"等斋醮仪式，并投放金龙玉简。

林屋洞属石灰岩地下厅式溶洞，洞内广如大厦，立石成林，顶平如屋，所以得名"林屋"，又因洞体似龙而称"龙洞"。洞内奇石遍布，因形思物，床、灶、椅、台、佛龛、龙、狮、鱼、鹰……

宋代李弥大在《道隐园记》中记录“居士将栖息于是，学《易》《老》以忘吾年也。”此处居士是指他自己。他游荡多年，在人生路途中“少为儒”，一路行走“游于释而泳于老，盖隐于道者，非其身隐，其道隐也”。这里确实是修道好去处，洞内四季恒温，冬暖夏凉，景观奇幻。出洞登山，远眺湖岛风光，湖中渔帆疏影，林间飞鸟归巢，山中炊烟袅袅，好一个“林屋晚烟”！

另外，林屋洞与光福邓尉山同为太湖赏梅胜地，旧有“鸡笼梅雪”之称。西山梅林种植始于唐而盛于明清，花以白萼为主，间有红萼、绿萼等名贵品种，古干繁花，交映清波，每年二月至三月，来往的游客络绎不绝。

石公山小景。石公山三面临水，以石为奇，柏树居多。明代袁宏道有云：『西洞庭之山，高为缥缈，怪为石公，丹梯翠屏，此石之胜地。』

石公山

两岸山水尽得风流，一叶扁舟顺流而下。

西山在吴越春秋时期称夫椒山，地处吴越两国交界，是战略要地。历史上著名的“夫椒之战”就发生在这里。吴王把西山当作是后花园，常携美女西施到此游玩。如今留下的“消夏湾”、“鹿村”、“马村”、“秉常里”、“秉汇”、“郑泾港”等地，都是吴越文化的遗迹所在。就连著名的“西山十景”，美女西施文化就占到了四个。

离林屋洞不远的石公山，就和西施有关。

江南的秋季，晴多阴少，天高气爽，星繁月明。相传春秋战国时吴王夫差和美女西施在石公山赏月，不是仰望，而是俯视，因为石公山临水，月影离山不远。浮沉于水中的明月则以其水淋淋的性格、柔怯怯的气质、羞答答的神情和秀美的容貌，给人以无限的遐想。

难怪唐朝诗人白居易欣赏了石公秋月的美景之后，会欣然命笔写信告知元稹：“报君一事君应羡，五宿澄波皎月中。”宋朝范仲淹笔下的石公秋月则是：“秋宵谁与期，月华三万顷。”

虽未见月，足可想象。那明月坡为巨型黑色大理石，可容数百人，倾

漫山岛秋色

斜入湖。然独有吴王夫差和西施，面对浩浩长空和皎皎明月——哎呀呀，悲情又寂寥地呼一声，流水落花春去也，天上人间！

漫山岛

西山，有晨风。橘花满树、满山坡，小小的，淘气的白色，裹着土黄花蕊。

五月，夹着甜腻花香的风扑打着脸。漫山岛，太湖中的一个岛，岛上看不见壮力，只有老人孩子。孩子到了一定年龄要读书，于是要租房在最邻近的镇上读书。漫山岛没有诊所，更别说医院。有人忍不住问，假如夜间突然得了急性阑尾炎怎么办啊？茫茫太湖水，哪儿去找就诊的地方？

编百脚篓的老者坐在日光下，慢慢调转过头，悠悠说道：漫山岛上的人从不发生这种事情。他神情笃定，肤色因日晒变得黝黑。——从不发生这种事情。他微笑着，用一种绝对又客观的口吻说话，让人不得不相信这孤岛上生活着的人群里所固有的节奏感。

我喜欢漫山岛。我踩在满是鸡屎、鸭屎的路上。白鹭鸟聚成一片，扑棱棱参差回旋。我有白的、淡蓝的信纸，我折成一架纸飞机，想和白鹭一块儿自由地舒展。

明月湾：明月处处有，此处月偏好

月亮出来了，明晃晃的，漫无边际，把月光洒上整个太湖，洒向整个明月湾古村落，照得人心坦坦荡荡。码头阒寂无人，只有湖水缠绵地拍打石块。刚蜕壳的蜻蜓圆头大脑，傻乎乎地趴在榆钱树上，幼嫩的羽翅耷拉着，它还不懂得飞翔。我深吸一口气，照见了湖水中自己的容颜，清丽而执拗。

抬头见月。人生代代无穷已，江月年年只相似。物是人非，月亮依然皎洁，依然皓月当空，“明月处处有，此处月偏好”——这绝无夸张之嫌。相传，春秋时，这里曾是吴王夫差携西施赏月之地，尔后，唐代著名诗人白居易、皮日休、陆龟蒙、刘长卿，宋代的苏舜钦、黄庭坚，元代的吴村，明代的高启、谢晋、王世贞，清代的姚承绪，当代的艾煊等均到此赏景吟诗，留下了许多优美诗文。

清风习习，泛舟于村边湖面上，疑是西施窈窕；岸边芦花在月光反射下闪现着银色光泽，仿佛友人在芦花丛中吹箫一曲；远处渔火忽明忽暗，朦朦胧胧，时光在倒流，倒回到两千多年前，这“湖堤环抱，形如新月之湾”的古老村庄成为越国战俘安定的家乡，村人们称它“明湾”——明湾，明湾，叫起来亲切又简洁。

在古旧的码头上赏月，颇会让人产生苏轼“小舟从此逝，江海寄余

明月湾古村一隅

生”的洒脱豁达感。当年白居易等历代名人由此泊舟登岸，领略了古村幽绝、恬静之美，讶异得不想归去了，皮日休提笔写下来“试问最幽处，号为明月湾”的诗句。明月湾人商贸湘楚，也于古码头挥手告别。挥手自兹去，只有猎猎风帆和茫茫太湖水在回答。到了乾隆二十二年（1757），村民集资购买条石铺设码头，这长长的二百五十六块花岗岩条石连缀在

晓景澹无际，孤舟恣回环。试问最幽处，号为明月湾。半岩翡翠巢，望见不可攀。柳弱下丝网，藤深垂花蔓。松瘿忽似狖，石文或如戳。钓坛两三处，苔老腥斒斑。沙雨几处霁，水禽相向闲。野人波涛上，白屋幽深间。晓培橘栽去，暮作鱼梁还。清泉出石砌，好树临柴关。对此老且死，不知忧与患。好境无处住，好处无境删。赧然不自适，脉脉当湖山。唐·皮日休《明月湾》

一起，也将舟楫往来的盛况铺展了出来。据说，当时明月湾有很多人是在浙江湖州经商致富的，西南方向亦是明财运所在。而从湖州入太湖的大钱港港口，正好对准明月湾，为了使从湖州来的这一路富水到了明月湾不轻易外泄，码头必需斜着造，才能汇集富水，聚财聚富。

月下沿着环太湖路闲走吧，去那东南山坡下的明月禅院，会更有禅境。

月夜下的明月禅院不作声，似坐化的高僧，风骨傲然，它北倚山坡，南临太湖，松风明月，风景无边。封闭式的群体建筑静静伫立，“弥勒”、“观音”、“关帝”、“城隍”、“猛将”、“蚕花”等神灵将世代庇护明湾村民。

邓氏宗祠

月梦，醒来。忽然念到明月湾。前几天刚陪师友去过。一下子，睡不着了。影影绰绰，听到太湖风在低吟，古码头的青石板很滑溜，对面堤岸是绿油油的青菜。我们戴上墨镜拍照。风大、浪急，这儿几乎没有其他人。

我真是睡不着了，我说：“明月湾的小胡子不知上哪儿去了。”

丈夫嘟囔了两声，说：“兴许把石头都卖了。”

我不信。

我的脑海里有一支笔，靠在枕头上它也能铺陈。那天，走出村口时，习惯性一望，发现原来的邓氏宗祠不见了，改成了廉吏暴式昭纪念馆。

倚在明月桥的栏杆上，看河对岸的旗杆，我不免有些惆怅，默想，小胡子呢？可惜手机卡坏了，一些值得相惜的朋友眼睁睁失之交臂了。

小胡子跟这宅子有关，他原本在邓氏宗祠收藏大量太湖石，人称石痴。他姓甚名啥，我实在记不得。很多年前，我来到此处，见他穿着一件宽大的印有龙纹的中式唐装，头发五五开，依肩垂下。最有特征的是唇邓氏宗祠原址。邓氏宗祠始建于清乾隆年间。原建筑大部分被毁，仅存照壁、门楼及厅堂遗址。2008年起，金庭镇利用原有建筑筹建了暴式昭纪念馆

边两撇胡子，一翘一翘，仿佛上了一层猪油似的。他发了一张名片，三个字：小胡子。奇人，奇馆，奇石，我笑了。他看我一个人，背着行囊，在五一黄金周漫游到偏僻的古村落，也觉得挺有意思，我支支吾吾，用手比画：我采采风，写些东西。“哦，懂了！你是记者！或者作家！”他一拍脑袋，硬是拉着我要合影。

这个馆门厅三间、将军门，其后为天井。阳光有些花气，映在门楣上，洒在一块块形态各异的太湖石上。这里曾是宋代太学生邓肃革职后隐居西山明月湾的府邸。邓肃革职的原因和太湖石有关，声势浩大的“艮岳”工程劳民伤财，邓肃上书直言，作诗抨击“花石纲”扰民，可惜皇帝赵佶对太湖石的爱好已经到了痴迷地步，不仅不听规劝，反将邓肃

逐出太学。

邓肃到了明月湾，日日看游鱼百头，听怪响出波，夜至看湖浪冲霄，悄乎若悲。禁烟派名臣邓廷桢是这一族的后人，也爱极了太湖石。

古樟树

明月湾适合漫想与无边无际的游走。

小住几天是最惬意的，在满坡的果林翠竹边发一会儿呆，或倚在石阶上看樱桃半吐、杨柳依依，也可以静卧在第宅门口的石门枕上瞧高挂出墙

明月湾村的古樟树

的石榴。只觉时光慢流，岁月静好，好得几乎让人忘记明湾之外的世界。

只有明湾村前的古樟树似乎记得时间从哪儿开始，相传它是由唐朝诗人刘长卿访友时所植，距今有一千二百年的历史。古樟树孑然高耸在村边格外引人注目，仿佛是恂恂老者，陪伴着古老的村落迎送着千万个日落日出。

古香樟树主干直径两米多，周长要六个人手拉手抱一圈；树冠高约二十五米，枝繁叶茂。其经火焚、雷劈后，一侧主干成枯木，后发枝于倚背，民间戏称“爷爷背孙子”。那天然的奇特的造型，斜倚而曲线向上的树身，一半枯木上自然变化清晰的苍老肌理，整体苍翠欲滴而茂盛的枝叶与树冠，好一棵天然的大盆景。村里老人都称之为“风水树”，古树的一切就象征着古村落的兴与衰，几经磨难，却依然倔强地活着。

棋盘街

步入村中，两条长街分别有两百五十米和两百米，与另两条长街垂直相交，形成“井”字形，构成棋盘格局，俗称“棋盘街”。我越走越明澈，这里四通八达；也越走越迷糊，似入迷宫，盘桓于里，出口难寻，求人问路方能出村。街道下面是数米深的排水沟，行走在上面可听到潺潺的溪水声。据《明月湾修治街埠碑记》载，“我里东横峻岭，每际大雨滂沱，山水下注，涧壅而溢，泛滥道途。”“爰于（乾隆）三十五年九月，鸠匠石，集群工，里之诚实者董其事。邪许同发，一时并进，移旧涧于街中，而复深之广之，疏通水道，纡回蓄缩，至末流而复归于一涧。上覆以砂石，比次整齐，平莹莫匹而街道一新。功既竣，容有致。”

沿街而走，两侧民居、祠堂毗邻相连，以石为基、青砖叠砌的墙面斑斑驳驳，庭院深深，古书楼花篮高悬——无不散发着耕读社会文明的文化。好吧，就在这花光日影中手捧一本白居易诗集，来体会一下当年香山居士的心情。“湖山处处好淹留，最爱东湾北坞头。掩映橘林千点火，泓澄潭水一盆油。龙头画舸衔明月，鹊脚红旗蘸碧流。为报茶山崔太守，与君各是一家游。”香山居士在明月湾找到了理想中的风水宝地，这里水抱青山，山抱花，花光深处有人家，他用不着再羡慕其他兄弟的快意人生了。他在竹林里弹一首古琴曲，挥一挥手，如听万壑松，明月朗照，这儿深藏不露，深得桃花源意境啊。

的确，山深水阔、位于太湖中央的西山岛犹如晋代文学家陶渊明笔下的桃花源，而明月湾处于西山腹地，更为幽绝，因此便成为古代文人探幽寄情的绝佳处。清代文人王维德称明月湾“所谓武陵桃源，殆未必有此胜概也”。

且看唐人诗句“野人波涛上，白屋幽深间。晓培桔栽去，暮作鱼梁还”，这种“耕鱼树艺”的逍遥生活让后人羡慕不止。南宋时，通奉大夫杨偰，为两宋时期杨门名将之后，在绍兴十九年（1149）游洞庭西山林屋后曾有“惆怅何时谢尘事，山中长作地行仙”的诗句，流露出厌倦仕途的心态，不久他就在明月湾买地，建别墅，隐居山林。

尔后秦氏、吴氏、邓氏、黄氏等贵族后裔纷纷迁入，古村渐趋繁荣。

静默的祠堂

不远处有秦氏祠堂，已经破败不堪，掩映在爬山虎和何首乌之间。真正的残垣断壁，很少有人踏进去。里面堆放着柴火，一群大马蜂嗡嗡乱飞。还有一张破藤椅，斜塌着，四只脚高低不平。门上的砖雕、神龛却依旧。明朗间依稀有烛火在跳跃，秦家太太素衣缠身，穿梭于廊柱间，老爷暧昧的语调让贴身丫鬟心惊肉跳。一场怎样的家族戏又将上演？帷幔漂浮起来，像涨起的太湖水，拍打着每个人的心房。我坐在一根倒地的横木上，横木上洋钉生满了铁锈。我拍拍大横木，它发出“噗噗噗”的声音。

我忽然想起了大雨瓢泼的夜晚，祠堂兀立着，没有一丝烟火气，像一个被遗弃的鳏夫，江南的雨水又是收不住阵脚的，下到后来，几乎就是浸淫着一切它想浸淫的东西了。小巷、河道、田地、果树园里，就听到一片雨点子的声音。可是雨水嘀嗒嘀嗒，都顺着石阶流到下水道。一双绣花鞋在青石板上伶伶俐俐地走，又勾起了人内心最致命的诱惑。

我看见一个女孩。她在打井水，她的身体，侧面弯着，像一段完美的弧线，背部漏出一块，若隐若现的，胸部因为用力而起伏着，圆滚饱满，散发着热乎乎青春的气息。

这个陌生的地方，深蕴着许多无法用常理解释得清的东西。渔船在码头那边停泊着，而渔民在筛选着极小的鳑鲏鱼。这些鳑鲏鱼，用来油炸着吃，不用去内脏，味道很鲜美。一只猫左右蹭着，想找下嘴的时机。码头上忽然来了两条狗，黑猫顿时起劲了，跳上岸，弓着背，尾巴翘得老高，怒目相向，把两只大黄狗吓得连连退步，感觉猫就是有一分姿色的女人，在撒泼。两条狗商量一下，总结出一句话：好男不跟女斗。于是折身而返。

村庄夜夜在太湖水的拍打声中入睡，如此宁谧，我反而有点不适应了。我溜下楼，一切畅通无阻，只有院子里的门锁着。何首乌的藤爬过墙窥视着我。我细细地看着屋子里摆放的农具，锄头、铁锹、铁耙、铁刺，它们东倒西歪，柄部却光滑细腻。它们祥和的姿态，让我意外地阅读到了童年的气息。

酒喝得有点微醺，主人小丁带我看他家羊圈，有一只小羊，整个眼圈、眼睑、眼珠异常的黑。黑得忧郁、凄楚、可怜。小丁去抱它，它屁股一甩，藏到其他羊身后。蚊子扑楞楞地乱飞，小羊也怕被蚊子咬，身体靠着木桩不停地挠痒。小丁在空着的猪槽里烧了一把稻柴，一会儿，烟雾弥漫。“这下，它们可以好好地睡上一夜了。”小丁说着，一脚高一脚低引我出门。

静默里，祠堂仍散发着男人的阴柔气，执拗、悲情地等待着什么。它极善于掩盖，白天里，它用斑驳的日影和满墙的爬山虎遮蔽着自己长久渴望作祟的心。现实的想法，却让所有语言相形见绌。江南的情欲在生满铁锈的洋钉上蔓延着，于是，半开半闭的院门，高大的马头墙，窸窸窣窣……一阵声响，院子里的桃花落了一地，门槛上尽是沾满泥浆的脚印。

碧水

那年，小胡子请我吃饭，在杨坞。杨坞离明月湾一二里之遥，中间有座包山寺。河虾、螺蛳小青菜、金花菜，农家小菜，鲜美异常。

明月湾的明月亮得出奇，但见青山妩媚、湖水旖旎。芦苇声飒飒，听得见我和他赶路的脚步声。一两只白鹭，兀地从草叶中飞起，让人忍不住惊吓起来。满山的橘树花香，夹着湖水的声声慢拍，揉着月色，气郁芬芳，有几人能领略？岛上的芦苇，映月发光，与一行白鹭相缠依恋，白天匆匆行走的旅游者绝对是无缘得见的。

小胡子的奇石馆中挂着不少书法作品。有一幅字，“碧水”，是包山寺的方丈贯澈所书。这一泓碧水指的就是太湖水了，它让天地万物澄澈。包山寺我以前去过一

包山禅寺。相传全盛时包山寺有僧房一千多间，宋代王铚在《包山禅院记略》中称，『兹院自六朝之后为胜地』，『大从林，庇千僧』

回，古意森森，那天恰好是蚕花娘娘的生日，寺庙里香火旺盛，殿堂里挤满了人。这次故地重游，山静，水静，人亦静。可惜没有清代朱彝尊的福分，他到包山寺，山僧出迎，方丈汲泉水，烹野茗。

“碧水”这幅作品，后来小胡子转送给了我。我卷起来，收好，放在客厅的青花瓶中。半夜想起，窸窸窣窣翻卷开来，字依旧，纸色发黄，太湖水的味道，隐约可循。

三山岛：孤绝而巧小蓬莱

在嘈杂的城市中生活太久，我会心生厌倦，想透透气，去一个偏僻又偏僻的地方，赏梅、听风、发呆，看一棵又一棵的树，最好不通电，人们彼此散淡恬静，与世无争，轻声细语，拈花微笑——但我也明白，这样的理想方式在当下几乎是一种梦境与奢望。

直至来到三山岛，我忽然发现，它极符合我梦境中的美学特征，古

三山岛——风光旖旎，环境幽绝的『小蓬莱』

老、孤绝、清雅、素朴——它隐逸在太湖中，如果没有船只的话，它称得上与世隔绝。它漂流着，沉睡着，也清醒着，在烟波浩渺的太湖里浮现着，它形制精巧、形胜绝佳，又名笔架山、金龟山，古称小蓬莱。

明人曹熙曾写过这样的句子："三山屹乎其中，孤绝而巧，世人呼为小蓬莱，胜概甲吴中，高士往往萃焉。"这和历史相关，北宋政权覆灭，赵宋残余集团带汴洛百姓万人逃奔苏杭地面，随即立南宋朝廷于杭州——皇族与贵重大臣占据了西湖佳地，次一等的大臣及许多的汴洛世家、名士及富人就盘踞在太湖地面，三山岛自此成为"南渡文化"的重要基地。这些南渡的人们和三山岛原住民融居在一起，繁衍生息，逐渐形成了岛间"七堡（自然村）、八姓、五十堂、十庙十浜八百灶"的盛状——明代时三山岛约有八百多户三千六百多人，清代民居数虽有流动，也大体相仿。

百姓晨起净手点香，栽花采茶，捕鱼耕读，远离战争，心境悠然。这样的生活状态一直沿袭到现在。

我于恍然中多了若干的惊喜与庆幸，安排好琐碎杂事，我决定和家人在三山岛上多住几个晚上，听风、看夕阳、散步、赶鸡、喂鸭，该干嘛干嘛，各找各的逍遥去。

登山

从东山陆巷码头至三山岛约七公里，快艇在万顷碧波中劈风斩浪，水花飞溅到脸上、衣服上，孩子们兴奋地发出尖叫声，那荡漾在太湖水中央的小岛到底充满着怎样的神奇魅力啊！

很快我们到了目的地。弃舟，登桥头浜码头，向西步入绿色长廊环湖路，顿觉心旷神怡。

远眺三山岛

岸边杨柳依依，细丝飘垂，湖中接天莲叶无穷碧，缕缕幽香沁人肺腑。若有若无间，仿佛听得宋代词人秦观在吟诵——“若耶溪边天气秋，采莲女儿溪岸头。笑隔荷花共人语，烟波渺渺荡轻舟。”

走到丁字形路口，只见两座小桥偎依相连，形如姐妹，曰：姐妹桥。可爱的是右桥为姐，名“梅先”；左桥为妹，名“石奇”。这两个名字实际上点出了三山岛乃是赏梅、观石之佳处。我伫立桥头，将累积了几个月的疲惫丢掷下，放眼远眺群峰，一岛三峰相连，参差屏立空际，山色苍翠，宛如翡翠笔架。

孩子们已经迫不及待地骑上观光自行车，在柳堤上撒欢开去。我慢慢踱步，湖水轻拍，遥想吴越春秋时越国大夫范蠡携美女西施隐居在湖中仅一千平方米的小岛蠡墅山，他们垂钓、饮酒——功名、战争与我何干，我且受用心灵的闲适。

我决定爬山。眼前一巨石突兀于半空，危乎高哉！状如虎蹲，似狮卧，又酷似古埃及著名的狮身人面像斯芬克斯。攀登石阶，又见石罅一线直通山顶蓝天，此曰“一线天”，拾级而上，过天门，登叠石高峰，云雾扑面而来，飞鸟相聚，从脚下掠越。我一鼓作气，过叠石，越百步，行至山之顶，在六角塔亭瞻望，便觉历史烟尘汇拢又消散。三山岛是吴越两国边界之所，今属江浙两省分界之境。山上残存的寺庙柱础和墙基也仿佛传递出晨钟暮鼓之音，青烟缭绕，一切虚幻浮躁，皆溶在绿水青山中，消失得无影无踪。

从山顶西侧山路下山，行百步，只见一堵巨大石峰笔立于山谷之中，峰冠如五指参天，形如板壁，故名“板壁峰”。这是三山岛的标志性景观，《中国风景名胜大辞典》上有记载，其条目云：“太湖板壁峰，石峭陡立，恰如一天然水石盆景。”我在旁边呆坐良久，瞧见石峰纹理斑驳，石罅缝中，藤蔓争攀。峰旁有桥，山林野趣，湖光山色，岂是城市忙碌之人能领略到的？

被誉为『吴中第一峰』的板壁峰，正面看呈驼峰状，侧面看呈壁峰状，后面看呈五指峰状

于是，干脆闭上眼睛，听石窠灌水淙淙细流，听山野间虫鸟啁啾，听蛙声一片。

回首

三山岛的历史，可以追溯到远古旧石器时代。1984年中国考古队在三山岛东泊村清风岭溶洞口挖掘出大量旧石器，同时，在龙头山挖掘出古哺乳动物化石，这是在太湖地区乃至长江下游首次发现的旧石器晚期遗址。在距今一万多年前，三山岛就有人类活动的踪迹，此重大发现震惊中外，被学者们命名为“三山文化”，也由此证明了长江流域和黄河流域同样是孕育中华民族的摇篮。

想象一下吧，七千前年，三山岛这片丰腴的土地上，有山地森林，

三山岛遗址哺乳动物化石地点

有草地浅滩。“三山岛人”——母系氏族部落若繇余氏先民，文身断发，彪悍勇猛，以渔猎采集为主，常聚集在三山岛清风岭上，寻找太湖流域独有的燧石，玛瑙石制作生产生活工具——旧石器。他们特别爱吃鱼，然而不食“句鱼”（鳜鱼）。每逢部落在三山岛旧石器制作工场集合时，首领老祖母揭竿立旗，旗上用赭石粉画一条硕大无比、凶猛异常的“句鱼”——太湖鱼王，作为图腾，顶礼膜拜。无论狩猎、捕鱼，还是采集等活动，女首领都要高举图腾冲锋在前，活动范围从太湖一直到无锡、常熟虞山脚下的出海口。

旧时三山岛上的“太姥行宫”中，供奉着“姑皇圣母”，传说为纪念三山岛的老祖宗——女首领“太湖妈祖”。当然另一说法是为春秋时吴王阖闾的公主胜玉——因她魂归三山后屡屡显灵，保佑太湖渔民世代平安，被尊称为“太湖妈祖”。据说，古时每至八月中秋之夜，姑皇圣母就会在庙前西南隅，一处绿洲的大杨树畔，显灵操琴，故那儿也被百姓呼之为“绿洲芳魂”。

三山岛出土的旧石器（部分）

三山岛出土的文物、旧石器、新石器时代文化遗存和哺乳类动物化石等均陈列在三山岛西湖堡断山南坡一座体量宏大的老房子里。老房子有正厅三间、客厅六间、生活用房三间，砖雕门楼、雕花台等，还有《三山秦氏宗寺记》石碑一块，记述了秦氏的始祖及秦姓的源流。令我诧异的是这秦氏祠堂的上祖正是宋代文学家、词人秦观，岛民中不少为秦观后嗣。

秦观（1049—1100），字少游，又字太虚，号淮海居士，扬州府高邮人氏，官至太学博士，任职秘书省，南宋朝廷追封为“龙图阁学士”。秦少游对太湖洞庭东西山和三山岛情有独钟，他于宋元符三年（1100）自贬所召还，于归途中在广西藤州病逝，未能实现隐居太湖的愿望。幸运的是子嗣明白，他们尊祖命，建别墅于西山消夏湾之安仁乡，其十一世后裔由西山迁来三山，有了秦家堡、秦家浜，发展成为三山岛上的第二大姓，并建造“秦氏宗祠”。

大片的绿，在眼前晃荡，湖水澹澹，我游走于三山岛，脑海里闪现出秦观的词。清代学者王国维称："少游词境最为凄婉，至'可堪孤馆闭春寒，杜鹃声里斜阳暮'，则变而为凄厉矣。"他一生坎坷，漂泊至三山岛，他内心应该是安逸恬静的，白茫茫水汽就是仙雾，是无边丝雨细如愁的朦胧，西施也水葬在此处，人生的好去处大抵就是这里了。

归来自在

清风挂在树上，挂在马眼枣树苍虬枝干上，到中秋，树枝上会挂满形如马眼、鲜甜脆口的枣子。墨驼鸭在野地与湖浜中嬉戏，它们日不离水，夜不归宿，累了就美美睡一觉，或者，望着太湖出神，湿润的气息，瘦长的光影，在芦苇的庇护下悄悄消逝着一生单纯的快乐。

晨雾里弥散着清澈。

在三山岛，我舍不得把时间用来睡觉。早早起床，沿着环湖路跑步，大口呼吸。渔民们已经出航，泛舟悠然穿梭来往，而翩跹翱翔的白鹭鸟把我的思绪牵拉到无限远的地方——

"烟水漾中分聚落，居然蓬莱在人寰。"清朝吴庄在岛上漫步时脱口而出《三山》诗，足以表达出他对此地的欣喜和满意。这番人间罕境，岂是忙碌于功名利禄的人能消受？岚影泛光波，它接受的是西施，是落月弯弯欲效颦的雅趣，民间传说西施这位美女被沉入太湖后，玉体化作洁白的小鱼，也就是太湖有名的银鱼。

我又绕回到村子里。花从篱笆间攀爬出来，鸡跳到树巅鸣叫，猫儿慵懒地蜷缩在草地上打盹。捕鱼蟹的工具百脚篓折叠好被排放在屋墙根。这里直到2006年3月才真正通上电灯、电话。可以想见，在这之前，这里保持着原汁原味的孤绝，不受网络影响，不受世间纷扰。一切，皆自在。

贰

风流地

——青石板上回荡的怀古幽思

苏州是一片红尘中风流地。光福香雪海的梅花开了，你一定要抽空去和春天约会；木渎的御游节开幕了，你一定要像天子一样去尝遍江南美味，享尽江南趣韵，去虹饮山房饮酒、品茗、听戏、舞剑……行走在胥口古镇胥王庙，什么也不说，你便觉强大的历史感在笼罩着你。

光福：暗香浮动，一望如雪

有人在轻轻说，香雪海的梅花开了。

一定要抽个空去和春天约会，一定不辜负光福香雪海梅花的深情厚谊。这是一种生活的态度。也有人说，“我爱这哭不出来的浪漫”。梅花在宋元之际就盛名于此，《光福志》记载：“花月溶溶，溪山寂寂，目接神怡，浑忘身世。”

梅花约

初春探梅，乃是江南风俗。到苏州邓尉探梅，更是人生追求享受的清福。于是，无论男女童叟，四方名流骚客，舟车往来，络绎而至，极一春之盛。

明末清初，邓尉探梅这一习俗更是闻名遐迩，连深居皇宫的康熙皇帝也发出“邓尉知名久，看梅及早春”的赞叹声，此后随着乾隆皇帝接连六次南巡到邓尉赏梅，并六赋《邓尉香雪海歌》，光福梅花名声远播。

梅花几十里，一望如雪，暗香浮动，不绝如缕。这是怎样的一种概念？大抵在香雪海中游荡的人都会醉了。是的，花醉。俯

香雪海，梅花几十里，一望如雪，暗香浮动，不绝如缕

首万坞皆梅，山腰以下葱葱郁郁，花气上蒸，坐久不知为山也。在清乾隆《吴县志》里有这样一段记载：“梅花以惊蛰为候……而邓尉山前，坐而玩之，日暖风来，梅花万树，真香国也。”

袁宏道来了，他在吴县任县令，县令有县令的自由和小特权，他在青山溪桥中穿梭。光福虎山桥、西崦湖一带是他流连忘返的好地方，画船、箫鼓、长堤、桨声、歌声、笑声，桃红如织，柳绿似绣，他记录了这里

的热闹与雅事。钱谦益也来了，他携着他的娇妻柳如是，在梅树旁留下了比翼双飞的影子，“屐齿冲将新雨去，杖头携得老梅还”。

大才子、小说家曹雪芹也来了。《红楼梦》里第四十一回《栊翠庵茶品梅花雪》里提到妙玉及玄墓山，正来源于此处。玄墓山，位于邓尉山的西南面，地势绝佳，山上有千年古刹天寿圣恩寺，清代曾是佛教禅宗临济宗三藏派的中心。妙玉出家便是在玄墓山梅花丛中的蟠香寺，她从邓尉山买了些梅树，在清凉寂静的栊翠庵里开始种植白雪红梅，冬天收梅花上的雪水，再用雪水泡茶，味道清醇无比。

玄墓山，位于邓尉山的西南面，地势绝佳，山上有千年古刹天寿圣恩寺

回味一下贾宝玉、林黛玉、薛宝钗等到栊翠庵品茶的情节，皆可感知妙玉对烹茶之水的讲究。她给贾母等人用的是“旧年蠲的雨水”，而黛玉问，是否她们喝的“也是旧年的雨水”时，妙玉冷笑道：“你这么个人，竟是大俗人，连水也尝不出来。这是五年前我在玄墓蟠香寺住着，收的梅花上的雪，共得了那一鬼脸青的花瓮一瓮，总舍不得吃，埋在地下，今年夏天才开了，我只吃过一回，这是第二回了。你怎么尝不出来？隔年蠲的雨水那有这样轻浮，如何吃得！”

所以，无论手头工作有多忙，无论你做了多少日程安排，春天里，背上行囊，骑一单车，将所有琐碎丢掷，彻彻底底去与香雪海的梅花相拥，你会忘掉缠绕已久的忧伤，你以咄咄的姿态，惊艳地站立在邓尉山上，向千枝万朵梅花致敬，原来，生命就是这样一场盛大的邂逅。

永慧禅寺

那日所爬的山，名叫蟠螭山，为太湖七十二峰之一，是穹窿山的余脉，离古镇光福八里左右。蟠螭山俗名南山。在如此幽僻之境散步，着实是一种修来的缘分。浩渺水色，青山隐遁，藤葛相缠，野花恣放。石径在山腰，而湖水的雾气扑面而来，清冽。真愿意一直这样走下去，看树叶一片片翻飞，看盘根错节的老树在经历岁月后仍然宁静地回望大地。永慧禅寺的诵经声，给山的宁谧增添了禅意，两个老婆子在低声说话，却让我想到了禅宗中最朴素的老婆禅。寒山、拾得就是典型人物。担水砍柴，莫非妙道？若我在一步步拾级

登山中能悟出生命的轻重，那真是造化了。

“置身天地外，何羡红尘浩。”永慧禅寺祖师憨山大师也是在经历一番红尘蝇营狗苟之后豁然顿悟的。营营一生，何其劳碌，不如散发弄扁舟，这样的愿望我也期待。

据说这里有清代诗人吴梅村的墓，有清代画家虚谷上人的墓。果然是，我查阅到相关资料——吴梅村临终之际，在《自叙事略》中说：我死后，给我穿上和尚的僧服，把我葬在邓尉山、灵岩山之间，墓前立一块圆石，题曰“诗人吴梅村之墓”。他不愿安葬在自家的祖茔，却选择了一条自我放逐的道路，内心的苦痛不言而喻。而虚谷上人是一名冷艳独标的海派画家，面对残酷血腥的现实，中年遁入空门，然“不茹素，不礼佛，唯以书画而自娱”。

斯人已逝，但仿佛仍旧临太湖而独迈着高古之步。在这样一个平常的午后，我寻踪到此处，确是仙人在指路。

湖湾，有成群的野鸭在临水嬉戏，轻功水上漂，它们一只只相逐甚欢。

一路上，梅花、桃花、杏花、梨花都开了，山涧寂无人，纷纷开且落，我看到了，我悄悄把它们拾掇起来，放进心瓶。

还有，野渡边舟自横着，独有的风流。芦苇萧萧，山外有山，只疑玉壶光转，要将我独自一人留在桃源之境永驻。

邓尉之隐

有一个人不得不提了，那就东汉初年的大司徒邓禹。

他是一位功勋卓著的名将，曾帮助汉光武帝刘秀恢复汉室，居“云台二十八将”之首。他立下赫赫功绩，但从不居功自傲，淡泊名利，汉光武帝见他如此为人，十分敬重，中元元年（56），重新任命邓禹为大司徒（即宰相）。

邓禹曾到光福隐居，这里最早是雄才大略的吴王阖闾设立的皇家林苑处。阖闾曾养虎于古镇北梢的华山，因此，光福镇也旧称“虎溪”。邓禹在光福这洞天福地随意游走，看太湖水一碧万顷或者风雨晦暝，他心境恬淡。值得一提的是邓禹亲手所植的四株古柏。这四株古柏造型别致，姿态各异，虽经千年风霜雨雪、日曝雷击的侵袭，依然遒劲壮观。连乾隆皇帝南巡至此，也发出惊讶之声，赐名“清”、“奇”、“古”、“怪”。

汉明帝刘庄即位后，感邓禹功高，拜为太傅。永平元年（58）五月，邓禹逝世，享年五十七岁，谥“元侯”。而光福人民为了纪念他，将山命名

邓禹亲手所植的四株古柏，乾隆南巡时赐名「清」、「奇」、「古」、「怪」

为邓尉山，并建造司徒庙祭祀，大殿内供奉邓禹塑像。看着院内郁郁苍苍的古柏，后人无不惊叹，江南水乡有如此古柏，实在稀罕，堪称神物！瞧那风姿，“清”柏直耸云天，给人挺俊清朗之感；“奇”柏颇有枯木逢春之趣；“古”柏似百索绕躯盘旋而上，又如蛟龙盘绕在身，给人以粗犷憨厚之感；“怪”柏雷劈两爿，一爿远离母本，落地生根，另一爿却似悬空吊篮，就地卧倒，似昂首蛟龙，有欲腾空起飞之势！

庄子在《逍遥游》里表达：“至人无己，神人无功，圣人无名。”邓禹差不多也达到了这种境界。光福别称“邓尉”，让每一个人来到此地的人记住了邓禹，和他的淡泊之思。

七宝泉

到光福雅地，需静静坐在古街旁，喝一杯碧螺春，神游，晒太阳，都可以。当然泡茶的水不可能像妙玉一样讲究，她用的是梅花上的雪水，太过高古。我们喝茶，如果能用七宝泉的泉水来冲泡，也是绝对的一件美事了！

据说元朝延祐年间（1314—1320），僧性颐在泉前建庵，并在岩下凿池贮之，结亭于前，泉从其下流出，伐竹为管引之，清澈可见，味殊甘洌。多少墨客骚人在此雅集。他们品茗、吟诗、作画，要带好建州的名壶、杭州的名茶，用七宝泉水烹煮，邀上三五好友，静静品味，官场中的烦恼顿时全无。元末明初，时人徐良夫在山中筑养贤楼、憩亭，一时韵士雅客、巨公名卿云集而至，来客都以饮七宝泉为快。有很深洁癖的大书画家倪云林在邓尉山时，更是非七宝泉水不饮。甚至有人为茶圣陆羽未能发现并品尝此泉而深感遗憾。

玉音叮叮，枣花细落，煮茶煎水，琼液津津。听着这一切细微的声响，宇宙澄澈，这是七宝泉带来的天籁之音，再将听觉转化为味觉，通体舒坦，人生无论大大小小的遗憾都可弥补了。我坐在宝泉路工艺街朋友的玉坊中，喝七宝泉水泡的茶，享受着与古人同样的风雅，生活就是一种状态，一种用美好情致来将细微绝佳处放大享用的状态。

沿宝泉路走，街肆店铺里陈列的各种手工艺品让人眼花缭乱。光福百姓素以勤劳俭朴著称，《光福志》称：“俗尚纯朴，土敦礼让……”山水的灵秀使这里的人变得心灵手巧，刺绣、缂丝、抽纱、核雕、玉雕、红木雕刻、书画，一应俱全。著名的香山匠人，一半是光福人。光福别称“梓里”，也说明自古以来这里以木材加工闻名，尤其是“明式”（又称“苏式”）红木家具和小摆设，远销国内外。

被誉称『天下第七泉』的七宝泉。王鏊煎茶品茗后题诗：『嵌若滴玲珑，七宝甃完月。幽亭泉一头，暗道曲通穴。剖竹走长蛇，尽夜鸣潺潺。煎无三昧手，渴有七碗啜。寒能醒心神，澄可鉴毛发。桑苎行不到，品第诸为别。埋没向山空，恻此行道竭。』

湖边生活

我绕着环太湖大道继续前行，没有直接向胥口方向转，车头一歪，去了更遥远的太湖对岸。我一直对未知的领域充满期待与渴望，那里缥缈、恍惚，有隔世之美。

未料，先后遇两处公墓，层层累累的墓碑在半山腰排铺开。阳光也有点阴冷。我头皮发麻，继续前行。边开车边在想，人来世上一遭，都会有一抔黄土的状态，土里土外，只是一道看不见的门而已。如此，便挺直脊背向彼岸驶去。

果然，我所见的是怎样的惊喜呀！

隐隐青山里，藏着一个村子，名为坎上村（属于光福镇）。村前就是太湖，几条螺孔板搭成的滩头，几个妇人在劳作，洗衣裳，洗藕，洗青菜……试想想，推门即是太湖，这是何等的舒畅呀！且在太湖里漂洗衣裳，肥皂沫随水向天际去，诗意又浪漫。我坐在河滩上，抱膝，和妇人们闲聊，脉脉春阳洒在身上，放眼是隐在水里的远山，幻影重重。我似在画里做梦，水声潺潺，梦觉难辨，我真不忍从画梦里隐退。

忽然想到废名。他教书的地方幽闭清净，竹篱茅舍如画般宁静。孙郁在《旧京的漂泊者》里写道："废名却是仙气和佛性的流盼，且有野店的泥土气，加之五祖寺的禅风。他内在的气息绕着周身，有生命的盘诘。"看来，真正的文好是天地所染。

那几个妇人中，有两位是八十多岁的老妪，身子骨硬朗，搬个小板凳在湖滩上浆洗。忽然掩到芦苇丛中去小便了。其他人并未见怪。白鹅呆立，望湖神游，民风淳朴至此，我心为之所动。村人的收入多为出船捕鱼虾或种植花木所得，很少人愿意到厂里做工——问其原因，不自由呗！

山野之人，心性自由。享受的是，一抹微云，几根衰草，万顷湖面。

只恨我来去匆匆，终是过客。

湖边生活。山野之人，心性自由。享受的是，一抹微云，几根衰草，万顷湖面

木渎：未老莫还乡，还乡须断肠

“御”，是不能随便用的，它只专属于皇帝一个人。御码头、御碑、御道、御茶坊、御花园、御戏台……太多的痕迹，都是皇帝留下的，以至于这个江南古镇在若干年后的某一段时节推出了“御游节”。来吧，来吧！人人都来当一回皇帝，体验一下帝王之旅，来探究皇帝在此处流连忘返、六下江南的原因到底何在？

不用说，皇帝是乾隆皇帝，古镇是木渎古镇。

御游

江南是块具有强大磁场的吸铁石，吸引着乾隆皇帝的心。每每莺飞草长之时，他也放逐了自己的寻梦之心。乾隆十六年，也就是公元1751年的春天，乾隆首次南巡，御舟经运河，转胥江，折入香溪，在此舍舟登岸。初入江南，乾隆就被江南的惊艳所摄住了心魄，我相信，这种惊艳应该如韦庄的《菩萨蛮》所言：“春水碧于天，画船听雨眠。垆边人似月，皓腕凝霜雪。”到处是明快的色彩，绿柳、碧天、青豆、红装……莺莺燕燕，娉娉袅袅，这是一片温柔乡、富贵地。

乾隆登岸的那一刹，也忽然明白了木渎名字的由来，这是关于另一

木渎古镇一景

莲叶莲华着意芳，风过香气满池塘；却饶木渎将曲院，艳杀吴姬与越娘。清·乾隆

个拥有无限权力的男人对此处温柔乡的迷恋。“积木塞渎”，木苍苍，河清清，吴王夫差为取悦西施，在灵岩山顶建造馆娃宫，又在紫石山建筑姑苏台。各地源源而来的木材堵塞了山下的河流港渎，史称“三年聚材，五年乃成”，古镇“木渎”由此得名。

乾隆皇帝咂咂嘴，作为一代明君，他不可能像吴王夫差一样因女色失了头脑，他的兴趣雅致广泛得多：游山、玩水、饮酒、品茗，最感兴趣的是所到一处必定要舞文弄墨、赋诗题字。乾隆的书法圆润秀发，结体婉转流畅，多有赵孟頫书风。

当他见到木渎山塘街古道幽奇古绝，不禁又诗兴大发，当即口占七律一首。后来，这首七律被当地官员镌刻于碑，置于亭内，与对面的明代怡泉亭两相映照。

皇帝来到古镇，住在灵岩山行宫，但他总不能老是闷在山上，他喜欢随意游走，其中虹饮山房是他必到的地方。这虹饮山房门对香溪，背靠灵岩，其“溪山风月之美，池亭花木之胜”，远过于其他园林。乾隆在这里游园、看戏、品茶、吟诗。尽兴处，他手一挥，亲自到古戏台登台亮相，舞剑助兴！群臣纷纷叫好，乾隆也得意一下——与民同乐，是一个好君王所为。

有时乾隆也会反过来羡慕普通百姓，他们的人生乐趣与福报是他所不能体悟到的，就譬如说这虹饮山房的主人徐士元吧，一生不慕功名，唯喜居家读书。同时有嗜酒癖好，常和朋友在园中诗酒为乐，而且酒量极大，号称“虹饮”，又因宅园毗邻虹桥，虹饮山房之名即由此而来。

风清月白的晚上，清波湛湛，睡莲初开，九曲回廊，酒香弥漫，主人徐士元和朋友们在清风中在自家天地中觥筹交错，吟诗作对，好不畅快。

乾隆惆怅片刻，又恢复到帝王之面容，优哉游哉，直到夜色降临，才依依不舍，顺着门前的山塘街道，前往灵岩山行宫，意犹未尽。

严家花园

我领着小熔御游江南，平民百姓也来消受皇帝滋味，这样的角色互换还是蛮有意思的。

进入木渎古镇，初看山塘街名字，有些疑惑，苏州姑苏区石路附近也有山塘街，两者之间有什么关系，放在一起岂不会混淆？经了解，才知道木渎山塘街名气大了去，历史可追溯到两千五百年前的春秋时期，还是和吴王有关，为了建馆娃宫、姑苏台，大批能工巧匠汇聚于此，在山塘两岸定居，并逐渐成为集镇。

小桥流水、绿荫绵延，我和小熔身着素朴汉服，裙裾轻提，在街肆中轻轻悄悄行走。先去严家花园。对于它的来历，我们还晓得一些：严家花园几易其主，曾先后经历了三位主人。第一代主人是清朝乾隆年间的苏州大名士、《古诗源》作者沈德潜。后沈德潜官至太子太傅，被乾隆皇帝赞为“诗坛耆硕”。沈德潜原住苏州葑门，雍正七年（1729）迁隐木渎，建屋筑园，号“灵岩山居”，在此开馆授徒。道光八年（1828），此园被木渎诗人钱端溪买下，钱氏叠石疏池，筑亭建楼，起名“端园”。此时，宅园初具规模，龚自珍对此园有“妙构极自然，意非人意造”的赞美。光绪二十八年（1902），端园转让给木渎首富严国馨。严氏买下端园后，由香山帮建筑大师姚承祖率领能工巧匠修葺一新，严国馨的母亲朱太夫人仰慕前贤，改“端园”为“羡园”。

这样一来，这园子因老夫人改名后，有了一种崇尚读书的态度，读书不仅仅在书房里，还在平日的点点滴滴，在亭台楼阁间，在春夏秋冬里。严家花园别具匠心的设计也正是为后代无数学子夹着书本穿梭于园林间而考虑的。

我们游走在夏景区，淡淡藕花风袭来，有一种酥凉之意，因为外出，没有带书，只带了一支箫。自然而然，小熔在叠石假山旁开始吹箫，我在亭子的美人靠上聆听。箫声绕过回廊，绕过太湖石，引逗了池塘里莲叶间无数的鱼儿，它们聚拢到小熔的箫声前，摇曳着尾巴以做回应。小熔或坐，或独立，或行，或依靠，体态潇洒，清逸大方。

池塘里莲叶间无数的鱼儿，它们聚拢到小熔的箫声前

这样一种生活姿态即便是园林中的工作人员也觉得诧异，赶忙拿出手机抓拍一下。

天晴得耀眼，碧天里的恣肆浪漫——小熔一曲吹罢，又登上山楼换吹一曲，从《枉凝眉》到《牧羊曲》，无不凄婉悠扬。这园林成了她的园林，这后花园成了我们的后花园。在立夏前的一个蒙蒙午后，小熔任性着她的才情，我也便怀疑从此这箫声在后花园萦绕不去，成为一种绝美点缀。

从山楼上可眺望到远处的灵岩山塔顶，那箫声也凌跃飞檐楼阁，真正是随天去了！

榜眼府第

从严家花园出来，我与小熔被眼前一座由藤蔓掩盖包围的石桥吸引。桥叫永安桥，四根青石桥柱，八根贯桥宫的长绞石联结成酷似矩形的栏箍，敦实、安全。桥头上刻着阳文“一把莲”，图案和雕刻都精致考究。

木渎古镇山塘街上的永安桥

我们驻足停留，不愿离去。我坐在石阶上，槐花轻轻洒落下来，这古老的单孔花岗岩石桥，已经存在于山塘街整整五百年了，明朝弘治十年（1497），好久远的一个年份。然而风雨侵蚀不了永安桥清健的身姿，它像人一样，神清气爽地观望着来来往往的行人。康熙、乾隆曾在这里走过，我和小妹也在这里走过，帝王将相，布衣百姓，落到实处都还原成一个人。人不过百年——永安桥却沉默着，俯首看水中千年不变的月，香溪水潺潺而过，形成了大自然最宁谧的默契感。

向前走，进入熙熙攘攘的集市区，市井生活气息扑面而来，其间夹杂着粽子糖、臭豆腐干、麻饼、云片糕、海棠糕……各种味道。馋虫也爬上来了，索性坐在树荫底下喝一碗豆腐花，小熔一边品咂，一边看香溪水里的游船。船上有“姑苏十二娘”中的“船娘”。她们风姿绰约，最能表现水乡风情。她们亮开清脆的嗓音，地道的吴方言江南调子甜糯有韵，仿佛酒酿圆子般一粒粒滑入水乡。“皓腕凝霜雪”，这便是真实的写照了，她们撩起胳膊，这玉指曾捕获多少肥嫩的河鲜？采摘过多少菱藕、茭白、慈姑？

想去榜眼府第，它却不在山塘街上。要穿越过几条小巷。七拐八弯，

冯桂芬所题显志堂，显示了他雄伟的抱负

我们一下子触摸到了古镇百姓真实的生活，巷道狭窄，鸡犬相闻，听得见收音机里的评弹声、哗啦啦的搓麻将声、电动车“噗噗噗”在青石板颠簸的声音……仿佛回到儿时，岁月未曾流走。古镇的魔力也就是它永远维系着现代文明与传统文化，让远行的人思乡，让无法忍受城市喧嚣嘈杂的人找到一隅来慢慢回忆过去……

临河，终于看见了白墙黑瓦深宅大院——榜眼府第，原来主人是近代著名的启蒙思想家、政论家冯桂芬，因他在道光二十年（1840）考中庚子科进士，钦赐一甲二名进士及第，所以得名榜眼府第。进宅进院，典型的江南清朝中期建筑。我在显志堂凝神片刻，而小熔已溜进后花园，在一堵高高的马头墙前，痴痴瞻望那半墙攀爬着的具有蓬勃乡野气息的白色小花。

我笑言道：“这是长姐带着小妹御游江南的节奏。”

小熔莞尔。

我又正色：“到江南，必会被它魂牵梦绕，所以你应该明白韦庄的用意了，‘未老莫还乡’——要永远留在江南，呼吸着它的呼吸，牵引着它的牵引，如此，你的内心就圆满了……”

胥口：金戈铁马江湖梦

没有一个江南古镇，能被它如此强悍的气场浸淫，每一个雨滴，每一寸土地，都是它的气息。胥欢街、胥康路、石胥路、胥市街……车头无论撞到哪儿，都是带有“胥”字的。没错，这里是古镇胥口。

胥口传说

胥口，我是来会胥王伍子胥的。

伍子胥本是楚人，却到了吴国。根据史书记载，公元前522年，楚平王听信小人费无忌的谗言，冤杀伍子胥的父亲和兄长，并派兵追杀伍子胥。无奈之下，伍子胥逃离了自己国家，怀着一颗复仇的心来到了当时还是蛮夷之地的吴国，用苏州评弹的说法，他一路上历尽艰难险阻，并且在一夜之间急白了头。

所幸的是衣衫褴褛的伍子胥被怀有上位之心的公子光赏识，两人相见恨晚，连夜挑灯商讨政治联盟。海拔不过三百米的胥山，成为这对未来君臣成功夺位、举兵夺天下的起始地。春秋时期的历史舞台上，从此有了吴国这样一个超级大国，而公子光摇身变成吴王阖闾，功成名就。

吴王夫差上台后，开始时对伍子胥也是言听计从，打败了越国；越

胥王园内，胥王一身金塑像，正义凛然地站立着

伍子胥（?—前484年）
相土尝水
象天法地
建筑大城

王勾践用美人计迷惑夫差，夫差昏了头听信伯嚭的话，把伍子胥杀死，把他的头挂在城门口，把他的尸体抛入江中……

伍子胥尸首浮至万年桥东侧，百姓悲恸不已，却又不敢贸然捞尸，因为吴王早已下令：伍相之尸，不得打捞，任其飘零，任其鱼食，违者灭族。百姓蜂拥至万年桥胥江岸两侧，焚香燃烛，念佛诵经，祈求神灵惩恶救善，保忠臣伍子胥全尸安眠，居家平安。那天正是农历五月初五。

民间传说，伍子胥尸首在胥江打转，百姓跪地祈愿：伍相，你千万不能够东漂至城内啊！吴王和奸臣绝不就此轻饶，你得往西走啊！怎奈江水滚滚东流，眼看伍相尸首旋转着向东漂去……在此紧要关头，江中一只大雄鼋疾速游来，它是忠臣王孙骆的附身，大鼋通了灵性，知道伍子胥平时最关切黎民，故决定将伍相之尸驮到离姑苏城二十余里地的古镇，直通古镇的胥江是伍子胥当年疏浚的，而且离古镇不远处有形似大雄鸡的鸡笼山，近处有一座无名小山，那里风景如画，林荫环抱，最适合伍相长眠。

正当雄鼋奋力向前游时，江中又出现一只雌鼋，却是奸臣伯嚭附身。一番厮杀，王孙骆才气息奄奄地将伍子胥的尸体送至位于太湖之滨的胥口古镇，那里的百姓早已闻讯，敲锣打鼓迎接。此时天已大明，阳光普照。

胥王园

孙武路十字路口，向南，穿过熙熙攘攘的街市，一直走，可看到一座气势恢宏、有着飞檐翘角的长桥，署名为胥定桥。西侧廊檐下挂着“江头湖尾”的匾额，匾额意思为胥江口、太湖尾。继续前行，豁然开朗，乃是胥王园。

进园。无人售票，敲门，几个村妇在里面喊喊喳喳，问我是不是来烧香的，我摇摇头，说写作的，拜谒一下胥王。她们说，签字登记一下就

胥定桥。桥西侧廊檐下挂着『江头湖尾』的匾额，匾额意思为胥江口、太湖尾

可以了。

雨横风狂，风把我的伞吹上了天。而胥王一身金塑像正义凛然地站立着。我向他行礼，径直向前走。不久，胥王庙的主景建筑“申胥阁”顶亭清晰可见，亭盖为双层飞檐，造型优美如飞燕娟丽之影。庙内亭台楼阁、小桥流水、朱栏翠屏，体现了香山帮工匠巧夺天工的精湛技艺。

天色冥暗，风吹得门咿呀作响，庙内除我并无二人。大殿翘角上挂着的风铃丁零丁零发出声响，我屏住呼吸，头皮有些发麻，似乎一不小心，胥王就从门后跨出，拱手而立。

终于来到一个偌大的墓区，设有牌坊、祭台、墓碑、冢墓。组合规则严正，氛围肃穆庄严。

伍子胥墓，以块石镶边，设罗城、铺地坪，疏朗匀称，简洁质朴。植树种草，绿色盖住了冢墓，锁住了春天。以伍氏宗亲名义敬立的伍子胥墓碑，由石灰石和花岗石混合组成。碑上阴刻“古吴伍员鸱夷藏处”八个篆字。据传碑文的形成，历时九百多年。公元前484年，吴王夫差派人给伍子胥送去一把属镂剑，强令伍子胥自杀，并将伍子胥的尸体装在皮袋里抛入胥江。尸袋漂流到胥口，胥口民众将他葬于胥江南岸。当时只筑墓，未筑坟，并以块石作碣，碣上只刻“鸱夷藏处”四个大字。直到吴国灭亡之后，才在墓上加土成坟，碣上加刻“伍员”大名标明身份，成为“伍员鸱夷藏处”。晋时改碣为碑，并在碑上刻了“古吴”两字，以免后人产生三国时的吴国之误。清朝咸丰年间，伍子胥墓碑毁于洪杨之乱。同治年间重刻碑文时又将“员”字去掉，刻成“古吴伍相国鸱夷藏处”。此次重刻墓碑，取用晋时碑文，恢复旧制。

揖礼。胥王墓悄然无言，唯有竹叶飒飒，胥江水东流。布鞋已经彻底湿透，水的冰凉感潜入内心，这是胥王的气场。雨落胥口古镇，也应是拜见胥王最合适的天气。

要知道，伍子胥奉吴王阖闾之命建造苏州城的时候，所做的第一件事就是“相土尝水”，也就是寻找充足的水源。伍子胥找到了太湖，开凿了一条胥江，苏州城从此没有了后顾之忧。

忽然明白了，苏州人过端午节的特殊含义。

因为伍子胥，这些地方的百姓沿袭了最传统而隆重的端午习俗，并与苏州古城中心地区的习俗遥相呼应。在这些吴地百姓眼中，伍子胥已不仅仅是一个历史人物，而是神一般的存在：他们尊崇他，遇到重大事件总要去拜一拜伍子胥的塑像，他们相信伍子胥仍在保佑着吴地人民，祖祖辈辈流传着关于他的各种传说。两千多年后的现代，即使神秘的光环渐渐褪去，吴地人依然保持着对伍子胥的一份敬重，端午习俗在这里得到了最大程度的延续。

胥口的主干道叫孙武路，孙武是吴国的另外一个重臣，经伍子胥推荐，向吴王阖闾进呈所著兵法，被重用为将。孙武是感恩伍子胥的，伍子胥的死，给了孙武一个沉重的打击。他的心完全冷了。他意识到吴国已经不可救药。孙武深知“飞鸟尽，良弓藏；狡兔死，走狗烹”的道理，于是便悄然归隐，息影深山。

我思绪纷繁，这孙武路绵延几公里，连接着光福、木渎、西山等古镇，所见江南绿意无不萦怀。遥想当年被誉为“兵圣”的孙武曾隐居胥口一带，望着青山隐隐水迢迢的江南，他才华尽显，家喻户晓的《孙子兵法》十三篇完稿于此，后经伍子胥举荐，拜为吴国大将。现蒋墩教场山，相传为当年孙武操练和吴王拜将之地。

胥王园内的申胥阁，阁内陈列着伍子胥设计的战船、伍子胥兵法等

二妃庙

行文至此，不得不提到胥口镇小横山的二妃庙，庙里供奉的是吴王阖闾的两个爱妃。当初吴王阖闾对伍子胥推荐的孙武这一人才抱有怀疑态度，决定当面一试。孙武说："我的兵法，男人可以练，女人也可以练。"于是阖闾传令："凡是没有生病的宫女，马上到练兵场集合。"一百八十名宫女集中在教场山，孙武将她们分成两个队列，并叫阖闾的两个爱妃当队长。可是她们根本没有纪律观，嘻嘻哈哈，为整肃军纪，孙武下令把吴王的两名爱妃拉出队列斩首。阖闾傻眼了，正想翻脸时，伍子胥点拨他成霸业必求良将的道理，同时厚葬二妃，立庙祭祀。首祭二妃那天，请吴国所有的军事要员参加，并以隆重的仪式，使大家对孙武治军的严厉产生敬畏。

从此吴国霸业势头蒸蒸日上。

猎猎西风，滚滚红尘。

胥口满载着江湖梦，连风裹挟的也是粗犷悲壮的气息。

春秋战国四大刺客之一——专诸，献上鱼肠剑，成功刺杀吴王僚，公子光就自立为国君成吴王阖闾。阖闾封专诸的儿子为上卿，将鱼肠剑封存，永不再使用。而当初专诸苦练烹饪艺术、拜师学艺烧出美味炙鱼的地方正是在胥口。

那一座专诸日日走过的无名小桥，现在被称为炙鱼桥。

有成都文友专门写侠客史，说胥口这地方一直想去而未果，择日一定来。

访画

我手上有一本《图说中国绘画史》，美国汉学家高居翰所著，其中第十四章为《董其昌及明末绘画》。董其昌，上海松江华庭人，官至南京礼部尚书，擅画山水，师法董源、巨然、黄公望、倪瓒。笔致清秀中和，恬静疏旷；用墨明洁隽朗，温敦淡荡；青绿设色，古朴典雅。以佛家禅宗喻画，倡“南北宗”论，为“华亭画派”杰出代表。

董其昌生命中很长一段时间隐居在胥口，在太湖边过着隐逸生活。《图说中国绘画史》中有一幅董其昌的山水画《秋山图》，俨然有太湖边清逸山水的风格。我能想象出董其昌游走在湖畔时行吟自然，然后，以天地为师，平淡温润，潇洒率真地行笔。这幅《秋山图》绢本设色，现收藏在旧金山亚洲美术馆。

想去董其昌的墓看看，问了当地居民，竟茫茫然摇头说不清楚。后来一个书画家告诉我，董其昌墓，在渔洋山昙花庵方向的小路上，荒野之处，很不好找，树林里枝条纵横，几乎看不见，只有在秋冬之际才容易发现董其昌墓碑。

雨依旧密集，罢罢罢，待天朗气清之时再去太湖边拜谒这位冠绝一时的书画家吧！

往上追溯胥口的书画历史，其实要始于南北朝，鼻祖为南朝时期的张僧繇。张僧繇在南朝天监年间为武陵王国侍郎，直秘阁知画事。他擅画道、释人物，兼山水，又长禽兽，丹青绝代，是当时最有影响的大家之一。他的第六代孙名字叫张耀祖，其书画相比先祖的作品达到了以假乱真的地步，自称“小僧繇”。

小僧繇在胥王山招收门徒，独独看中了诚实质朴的杨惠之，从此“塑圣”杨惠之的艺术道路开始铺展。用直保圣寺罗汉均是杨惠之作品，这儿且不赘述。胥口的画风也在得天独厚的自然山水滋养下独成一派，米芾、董其昌、唐伯虎等丹青高手在此流连忘返。如今胥口镇上的中国书画名家街也传承了文化气韵，自有氤氲浩荡之态。

叁

温柔乡

——小桥流水见证过的旧梦

小桥流水勾勒的古镇，恬静、淡泊、低调、静宜、温柔，这种气质让人留恋。居住在这里的百姓平静、淡定，他们的举止张弛着落落大方的从容。而这里一所古旧的房，一扇朝着河的窗户，一堵残缺的挂满爬山虎的墙，都诉说着小桥流水见证过的旧梦，都值得回味。

震泽：儒风流传，恬静淡泊

《禹贡》称，三江既入，震泽底定。震泽，以太湖别名“泽”被天下名“镇”四野。这让人不得不赞叹起古镇的特殊地位。此间地处吴头越尾，唐开埠，宋设镇，清置县。震泽名字还让人联想到八卦，八卦的方位：雷震为东，泽兑为西，相对而应。

震泽，有古意，名声响，乍一听给人一种孔武豪放、气吞山河的感觉，但实际上震泽恬静而淡泊，居住在这里的百姓平静、淡定，他们的举止张弛着落落大方的从容，没有如履薄冰似的矜谨，也没有烈日骄阳般的夸张。震泽的商家儒风昂然，开门、打烊，没有高声喧闹，没有尔虞我诈。

人们悠悠游游，三三两两。或者喝一杯熏青豆泡的茶，这茶很家常，有十几粒熏青豆，有茶叶数片、芝麻少许，还有少量腌制的胡萝卜干，红红绿绿，煞是好看。喝到嘴里，既解渴，又可充饥。或者妇女们围坐在一起，在太阳下织毛衣，打八十分。或者你也可以沿着宝塔街慢慢向前踱步，一所古旧的房，一扇朝着河的窗户，一堵残缺的挂满爬山虎的墙，都值得回味。

师俭堂被誉为江南的『大宅门』，集河埠、行栈、商铺、街道、厅堂、内宅、花园、下房于一体，街中建宅，宅内含街，兼具官、儒、商三重使用功能

师俭堂

到震泽，师俭堂应该是必到的一个地方了。不急，它就位于宝塔街上，坐北朝南，三面临水，可前门上轿，后门下船。师俭堂建成于清同治三年（1864），由徐汝福所创。徐氏在震泽是望族，徐氏亦官亦商，所经营的丝经、米粮两业都曾在震泽首屈一指。

“师俭”名字颇让人思量，“俭以养德”，宅主深谙儒家的传统美德，同时也吸取距离不远的周庄富商沈万三因铺张扬厉而致家破人亡的教训。师俭堂被誉为江南的“大宅门”，六进深宅，凝重古朴，街中建

筑，宅内含街，楼上房仓，楼下铺面，简直是把官、儒、商的使用功能来了个囊括，集“宅文化”机巧于一身，也是品质非凡的体现。

一踏进门，你一下子就会被它精雅的艺术设计所折服，扶门、推窗、望梁、上楼、拐弯，无一不是精雕细作，岁寒三友、琴棋书画、八仙过海等等，涵盖了俗世之趣、自然之好、文化审美和人生寄托。而在楼上往外看，南边两个米行人来人往，买进卖出，可以想象当年的热闹与繁忙。主人很逍遥，他在庭院园林里听琴。园名“锄经园”，芭蕉叶若有若无发出声响，一片黄叶晃晃悠悠飘下来，桂花香气氤氲四周。园子很小，只有半亩之地，却容纳了四面厅、梅花亭、半亭、回廊等建筑体。散散淡淡，然而风花雪月十足。主人微微一笑，看时间慢慢消逝。

王锡阐纪念馆

陆巷有宰相王鏊扬名，震泽有科学家王锡阐撑腰。

王锡阐是奇才，也是个怪才，谁也没有料想到明末清初，在四面河网密布的偏僻地方，诞生了一个驰名中外的科学家，他创造出了三辰晷，测量日、月、星相。史料记载王锡阐自小好学勤思，爱突发奇想。当文友骚客们在虹桥赏月时，他正探究宇宙奥秘呢。遇到坏天气，人们扫兴而归，王锡阐却乐而忘返，不断寻找答案。

正当他埋头潜心于学问时，李自成的造反大军杀进北京，明王朝走向覆灭，王锡阐深感亡国之痛，“发愤欲死”，在苦闷中投河想自尽，幸得乡人所救。他加入了“遗民圈”，不惧服“留辫子才能留头”的高压，不留辫子，着古衣冠，不用清朝发行的钱币，披头散发，埋首于书籍著作之中。只要是晴夜，无论酷暑寒冬，他都爬上屋顶，仰卧在屋面上，双手紧抓住屋脊，通宵观察天文星象。几十年如一日，他疾病交加，生活窘迫，没有天文台，没有大尺寸的测角仪器，却写出了倾注毕生心血的《晓庵新法》，并根据多年的实践，发明了三辰晷。

令人唏嘘的是，王锡阐仅活了五十五岁，可以说是贫困潦倒而死。多年以后林则徐捐钱为王锡阐修墓，他的《晓庵新法》被编进了“四库全书”。到了二十世纪，英国人李约瑟认为《晓庵新法》是“熔中西学说于一炉的一种尝试”。美国科学史学家吉利斯皮将王锡阐写进了《科学家传记词典》。

在王锡阐纪念馆里静静转悠，你也许会有一种故人之悲，有一种小镇出大家的豪放之气，抑或也有美丽与虚空迸发出的科学、玄妙融合的哲学之思。

王锡阐的墓及祠位在今震泽中学校园东侧，大抵也是希望这勇于探究、不畏艰险的学风在这所名校中能长存不朽。这位先哲听着枫杨树上麻雀们叽叽喳喳的叫声，看着一批又一批莘莘学子忙碌的身影，也会在冥冥之中为他们的人生起航助力。

水桥

震泽居民世代枕河为市，傍水而居。

桥就成了他们生活中的点缀。石桥朴拙古旧，落满时光的遗迹。它使河边的日子融会贯通，使小镇的生活婀娜多姿。现存横跨市河的两座古桥，也成了纪念先贤的最好去处。

先看看禹迹桥。“禹迹”在古汉语中经常见，小孩子读的《千字文》里便有：“九州禹迹，百郡秦并。”茫茫禹迹，画为九州，大禹到过的地方，皆是中国。如此看来，那个叫大禹的圣人来过这里，恩泽这方水土。禹迹桥建于康熙年间，重修于乾隆年间，是地道的江南水乡拱桥。“禹迹

震泽居民世代枕河为市，傍水而居

想前事，汉台余故丘”，这是唐代诗人刘禹锡的诗句。坐在古桥上，真的是往事悠悠。如今它与慈云塔交相辉映，成了震泽八景之一。万籁俱静时，坐在桥头听塔上的风铃，你会觉得禅心笼罩四野，市井的繁忙烟火气顿消。桥面的石头泛出短促的光辉，映照着高高的古塔。

另一座是思范桥。顾名思义，思念范蠡。这位识机在先、功成身退的范蠡，让当地人深谙隐逸之风。镇上有很多关于范蠡的遗迹，蠡泽湖、范蠡祠、范蠡故居、范蠡钓台

禹迹桥。禹迹桥顶面石和拱券内龙门石分别雕刻『轮回』、『云龙』图案，东西两向各刻对联一副，东面桥联『善政惟因，不易大名仍禹迹；隆时特起，重恢古制值尧巡』，西面桥联『市近湖滑，骄肩无俟临流唤；地当浙委，绣壤应多题柱才』

遗址。前人如此，风气传流至今——遁迹江湖、疏离政治成为后世的首选。他们淡化官本位，热心实业，此地盛产蚕桑，蚕桑丝绸文化源远流长，“衣被天下”也成了他们太平盛世的理想。费孝通的姐姐费达生先生，曾经留学日本，专攻蚕业，回国后在苏南推广科学养蚕，创办了中国农村第一家机械缫丝厂——开弦弓丝厂，又创办了震泽制丝所。

月影朦胧，你倘若盖一袭轻柔、缠绵的蚕丝被入睡，梦也将放大缠绵、温柔无数次。

慈云寺

古镇必有古寺。

慈云寺神情庄重，静穆默然里始终关照着古镇百姓。“四面湖光绕，中流塔影悬。”慈云寺塔，是吴江区境内唯一的古塔。相传始建于三国赤乌年间，已有一千七百五十多年历史，历经沧桑，历代重修，仍翼角轻举，玲珑剔透。

有人说塔为孙权妹妹孙尚香所建。三国时期东吴国主孙权，使美人计，假将其妹孙尚香嫁与刘备。孙尚香钟情刘备，孙权赔了夫人又折兵，后悔莫及。后来他将妹妹骗回东吴，不准回蜀。孙夫人思念丈夫，在震泽建塔，登塔遥望，因称“望夫塔”。

所以震泽流传这样一句话：先有望夫塔，后有苏州北寺塔。

也有人说此塔是宋徽宗之女慈云公主重建。北宋时金兀术带兵大举进犯中原，攻下宋都汴京，金兵掳去钦徽二帝，宋室南迁建都临安（今杭州）。宋徽宗之女慈云公主避难到震泽，此时，原来的塔早已坍塌，慈云公主发愿重建宝塔，望北祈祷，盼望父皇、皇兄能平安南归。塔以人名，从此，“慈云寺塔”的名称就流传开了。

两个传说流传千年，人们瞻仰古塔之余，更添一种恋乡怀人的眷眷情愫。有趣的是那二位情系宝塔的都是帝王家室中的女性人物，她俩虽身居富贵，却都是内心忧伤的公主。

登上塔顶，你可以将田园景色尽收眼底，向北可以远眺洞庭湖的波涛。这座古塔是当地人归舟回家的指示，也是周围吴越交界处的标志性建筑。

倘若你有足够的时间，你一定要在古镇住下，这样你才会充分感受到它跳动的脉搏与气息。风是新鲜的，水是清冽的，清晨你在轮廓斑驳的码头坐下，看红衣女子们挽篮提桶腰肢袅娜地出门，想象当年的挑夫赤膊有力挑担的模样——你会觉得，时光并未流走，它跌落在孤舟烟雨中，在一杯杯软暖的熏青豆茶中，在一场又一场与震泽的相遇中。

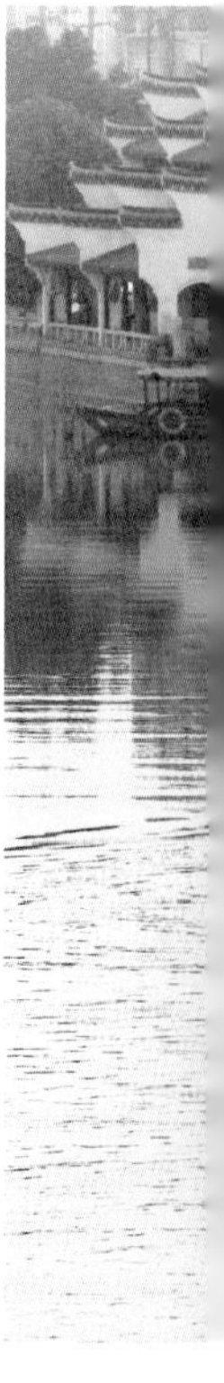

饮茶

暖，是一个动词，也是一种气场，推着人不知不觉往前走。

震泽古街如一个不施粉黛的女人，散散淡淡、素面朝天。瞧一眼，就心生欢喜了，哪像周庄、乌镇为盛名所累，终日被喧嚣挤兑？

脱了漆的老式塞板门，一条幽深的青砖路，空阔的米行，寂寞的码头。

街心地面有一捧稻草烧的灰，自然，不能随随便便扫去。一屋子的人，刚吊唁完毕，吃一口糕，喝一口甜汤。我依稀记得，越是古老的小镇，生和死显得尤为重要，谁都要丢下手中的琐碎，亲临现场，为生者祝贺，为死者超度。

凝视了片刻，便有得失俱亡的恍惚感，立定脚跟，看茶室里的人，跷着二郎腿，喧哗几分，也尽是些鸡零狗碎的事。人到了这一境界，还贪恋什么呢？

到青天白日下，喝茶！排铺开三五张椅子，一小碟瓜子、青豆、花生。男人女人，认识并不多久，同坐在一张长凳上，突然暧昧起来。女人嗑的瓜子屑飞到男人的脸上，还吃吃地笑。腿伸直，臂张开，舒舒服服消受起太阳的光热。一群鸽子，飞翔着，似乎也贪恋眼前这混沌不明朗的情感，在碧空中，徘徊不去。

盛泽：触摸丝绸的柔情

江南，有锦衾薄的软绵，有丝绸衫的温柔，淡淡地流露出一些情愫，即是一种妩媚和华丽。

可能置身幽暗，或被深锁柜底，抑或在磨花的旧铜镜里，在留声机尖细的嗓音里沉湎于自己。无关木格子窗外，弥漫着哪朝哪代、哪个季节的阳光或者湿冷的雨的气息，不沾人间烟火地颓唐和贵气。

若要探得这华贵的丝绸源，你一定要去盛泽古镇走一走，亲身到先蚕祠去拜见一下嫘祖，才可感受这丰厚的文化遗产留给我们的无穷意蕴。

先蚕祠

先读一首活泼清新的小诗："阿蛮小小已多姿，十岁能牵机上丝。漫揭轻裙上楼去，试看侬撷好花枝。"一个十岁女孩，身材轻盈曼妙，穿梭在织布机旁，而她对丝绸上的图案有着非常高雅的审美意识，这不得不引人赞叹！家家户户的女孩都在织丝，札札弄机杼，而盛泽也成了"估客如云"的黄金宝地。冯梦龙在《醒世恒言》中记述商贾"蜂攒蚁集，挨挤不开，路途无驻足之隙"的景象便是当时盛泽盛况。明清时期，盛泽与早期的传统绸市苏州、杭州、湖州并驾齐驱，跻身具有全国影响的四大绸市之列，并最终成为中国的绸都。

“水乡成一市，罗绮走中原。”盛泽，有它独特生命之源，而丝绸就是它源头中最重要的命脉。

织丝，起始于嫘祖，轩辕黄帝的元妃。她发明了养蚕，从此告别蛮荒，德被华夏。走进先蚕祠，浓郁的华夏文明气息扑面而来。嫘祖、轩辕、神农三位先祖的塑像巍然屹立，被民间尊为“蚕花娘娘”的嫘祖慈眉善目，默默注视着苍生。百姓祈福的红绸子挂满了栅栏，甚至还有一个参加高考的学子将准考证号都准确无误地标注在红绸布上，希望得到先祖们的庇护。

先蚕祠门楼。盛泽先蚕祠曾因一年一度的『小满戏』名噪江南，是目前我国唯一留存的先蚕祠，也是江苏省级文物保护单位

先蚕祠一隅

令我吃惊的是先蚕祠的门楼保存完好，其砖雕艺术精湛，斗拱飞檐气势不凡，在两边呈八字撑开的水磨砖壁的映衬下，门楼显得既宏伟又清秀，美不胜收。

陪同我来到先蚕祠的是盛泽沈莹宝先生，他可谓是丝绸通了，对盛泽丝绸史如数家珍。他说："小满那天啊，是蚕神的生日。这先蚕祠人头攒动，锣鼓咚咚咚响，精致的古戏台好戏连台，人们要用整整三天以酬谢神灵庆贺丰收。条石铺就的广场和两边廊道上坐满了蚕农，他们可开心了，饮水思源，用极度快乐的心情来感谢教会他们育蚕、缫丝、织绸的蚕花娘娘。你瞧，沈秋凡在《盛湖竹枝词》里写的就是这情景：'先蚕庙里剧登场，男释耕耘女罢桑。只为今朝逢小满，万人空巷斗新妆。'"

我被蚕农们的喜悦所感染，为绸乡悠远的文脉所倾倒——虽然先蚕祠寂静无人，但戏台上似乎锣鼓喧天——小满戏拉开了帷幕，我在赤日炎炎中舒展衣袖，尽情挥舞。

济东会馆

继续沿着丝绸的足迹往前走，在盛泽，如果离开了丝绸说其他，仿佛抽掉了灵魂一样会索然无味。

到斜桥街，古老的街道还原出盛泽沧桑的历史感。斜晖脉脉水悠悠，斑驳的墙面，跛着脚的黄狗，百姓挎着篮子从镇头走过，像许多江南的古街一样，斜桥街默默注视着这里发生的一切。济东会馆就坐落在斜桥街，它是清嘉庆年间山东济南府人所建的丝绸会馆。据当地方志记载，清末至民国年间，盛泽尚有八所会馆，济东会馆的命运为最好，至今仍完好地保存着。

弹丸之地的古镇上设有会馆，本身就是一个奇迹，且当时盛泽有八

济东会馆。会馆正门为砖砌门楼，高大华贵，门楼两边翘角上扬，似乎振翅欲飞，馆内布局古朴雅致

大会馆，集中了五湖四海的商人，各个会馆都是以丝绸为贸易内容，这不得不令人赞叹盛泽是不折不扣的丝绸重镇，它辐射到吴兴、桐乡、嘉善、嘉兴等地，嘉庆年间达到鼎盛，堪与苏、杭等大商埠相媲美，时人一时叹为奇观。

济东会馆前厅简洁，正厅华丽，雕梁画栋并施彩绘。屋檐垫拱板有《水浒传》人物故事的透雕、镏金作品。两厅之间以回廊连接，西廊墙面上嵌有1923年“重修济东会馆记”石碑一块，镌刻会馆建造缘起和历史沿革。济东会馆原规模较大，几经坍塌、改建，现存依次为墙门、前厅、戏台台座、正厅三进。据一文友回忆，说儿时盛泽镇第一小学的分部就是在济东会馆，他小学生涯中一二年级便是在会馆优雅的回廊中奔跑嬉戏。

可以想见济东会馆在清嘉庆年间的热闹繁华，那穿戴红翎蓝顶、全副袍褂的盛泽绸业界领袖汪永亨说不定也是这里的常客。历史的烟云并未完全消散，济东会馆庄严的石库门框内开着两扇黑漆大门，仿佛依然诉述着“栋宇沉沉会馆多，承平商贾百千罗”的盛景。

七十二半弄堂

袅娜的身材，着素色旗袍，从弄堂里款款而出，江南的烟雨洒落在油纸伞上，落下一连串的余韵……盛泽，除了丝绸，知名度高的还有弄堂。俗话说“七十二半弄堂”，其实，清朝末年盛泽有名有姓的弄堂要有一百余条，这些弄堂像是树上的枝丫，将古镇分割得四通八达。它们纵横交错，像一张蜘蛛网布满古镇，疏散着街道上密集的人流。

闾巷短长七十三，市井郑里又新参。

门千户万疑无路，机杼声声入耳酣。

1970年左右的东杨家弄

这是民国初年沈秋凡所写的《盛湖竹枝词》。在弄堂里行走，常有戴望舒《雨巷》中的意境，朦胧的烟雾气息将江南诠释得万般柔美。幽静的弄堂时有鸡犬声闻，又有陶渊明“暧暧远人村，依依墟里烟”的宁谧、淡泊之感。抑或在高高的石库门楼屋前休憩片刻，瞧见勤劳的店主来将排门板一一打开，开始一天的生意经营。

弄堂的名字很有意思，盐店弄、爆竹弄、竹行弄、茶叶弄……一看就晓得这弄堂里曾经聚集了哪些店铺；当然与丝绸有关的弄堂最多，运经弄、染坊弄、踩坊弄、梭子弄、庄面一弄、庄面二弄……不计其数。

走累了，停歇下，耳朵里传来悦耳的机杼声。如盈盈水波，如淡淡粉彩，弄堂在机杼声中幻化成昆曲里的水袖，翩跹飞动。盛泽也成了一片绿色的荷叶，衬托着丝绸这朵娇艳无比的荷花愈开愈自然天成、婀娜多姿。

宋锦

2014年，APEC领导人非正式会议上，与会领导人及配偶穿“新中装”出场，所用面料就是来自盛泽的宋锦。

被冷落多年的宋锦一下子高调亮相，引起世人关注。

宋锦源于春秋，形成于宋代，辉煌于明清，是中国丝绸的代表作之一。2006年，宋锦被列入第一批国家级非物质文化遗产名录。苏州宋锦纹路细密、图案精致、色彩典雅，在古代主要用于宫廷服装和书画装帧。它与南京云锦、四川蜀锦并称为“中国三大名锦”。

盛泽人了解宋锦的贵族气，知道它的前世今生，所以不惜一切代价来传承。他们成功复制宋锦，让宋锦重焕光彩，这不得不说是盛泽人的智慧。

烈日阻挡不了我一睹宋锦的急切心情，沈莹宝先生带我来到了中国宋锦文化园。我如穿越时光一般，回到了清代至民国或妩媚或素雅的旗袍丛林里。千年宋锦，高贵典雅地复活在旗袍中，复活在箱包、家纺、披肩等高端时尚的生活用品中。

细细端详宋锦图案，我经常会被古典的意象攫住灵魂：花卉、瑞草、古钱、书、画、琴、扇子、宝剑、葫芦、柏枝、笛子、绿枝、荷花、宝壶、花伞、法轮、百洁、莲花、双鱼、海螺……想象着纺织娘一针一线将生活的情趣织进宋锦中，这是何等风雅的一种场面啊！当然，学会织锦并非易事，需要十年八年的磨炼，甘心将青春耗在一台古老的机器面前，这本身就需要一种抉择——

华贵宋锦出深闺，值得庆贺。丝绸文化作为国礼精彩亮相，更增添了盛泽的自豪感。

昇明桥

临别盛泽，到昇明桥走一走。

昇明桥是一个极具儒雅气质的文人，拿着折扇迎风独立，风满袖，他也气宇轩昂，从不因岁月更迭而失了风姿。我喜欢他高大的桥身，架在开阔的湖面上显得十分壮观。三个桥孔则与水中的倒影合成三个硕大的玉环，一半浮在水面，白得庄重，一半沉入水中，绿得可爱，诗情画意极了。

据说，这里曾湖水荡漾，整个湖面像张开的菱叶，古称“菱叶渡”，俗称“东白漾”。而每年的农历五月初五，这儿有划船盛会的旧例，那几乎就是旌旗高悬、鼓声喧天、万人空巷、争观竞舟的盛况了。文人骚客们也偏爱昇明桥的清雅，常在这儿玩赏题咏。

到了清代乾隆朝之后，随着丝绸业的兴盛，菱叶渡及相邻的山塘成

昇明桥今貌。昇明桥是一个极具儒雅气质的文人，拿着折扇迎风独立，风满袖，他也气宇轩昂，从不因岁月更迭而失了风姿

了士商们的冶游之地。昇明桥一带常有画舫停泊，清歌之音不绝如缕，据说有“小苏州”之称。

我随着沈莹宝先生所指眺望远方，若在古时，那儿烟水苍茫，直通浙江湖州。可惜现在湖面填平了一大半，但天空依然浩渺，蓝湛湛的不见一丝云彩。

我在昇明桥与沈先生和李云姑娘告别，有种别梦依依的恍惚感——春秋时期，盛泽时而为吴地，时而为越地，而今，我在吴越交界处徘徊良久，满目皆是云彩织成的丝绸，岂能不生留恋之情？

黎里：吴头越尾梨花村

春天，当淡淡梨花寂寞开放时，一位诗人从清代走来，他是江右三大家之一的袁枚，走到一个叫梨花村的江南古镇时，他放慢了脚步，忍不住吟唱起来："吴江三十里，地号梨花村。我似捕鱼翁，来问桃花津……"古镇低调、静宜，这种气质让诗人留恋，直至现在，三百多年后的今天，古镇仍以一种独有的姿态静候世人传诵——它就是黎里，典型的江南古镇，其历史可以追溯到两千五百多年以前，那时的黎里，是一个被人们称作"吴头越尾"的地方。

黎川

我是在大暑之日赶到黎里的。热腾腾、亮晃晃的阳光蛰得人不敢与它对视。但一进入古镇瞧见粼粼清波时，我浮躁的心竟一下子安静下来。这条长达六千余米的河流，有一个好听的名字，叫黎川。春秋时就有先民在这河边搭屋定居，亲水，靠水，吃水，劳作生活，送迎往来。到了唐朝，村子里种满了梨花，暗香浮动，蝶儿乱飞。湖州刺史范传正奉旨疏浚平望至吴县的官河，他特派一村官黎逢吉到此处整理河道，开辟道路。当地百姓为纪念黎逢吉，将原来梨花里改名为黎里，穿村而过的河道也有了“黎川”之名。

梨花摇曳，花落河面，裙裾浮动，浅笑盈盈……这几乎就是一个世外桃源，我仿佛仍能捕捉到上千年前黎里的神韵。到了宋朝，黎里展现的就是宋词意境，舟来楫往，高柳乱蝉嘶。有女子在河埠头凝望，也有人在黎川浆洗衣服，捣衣声在月光里散成一串又一串的音符……整个儿就是宋人晏殊笔下“梨花院落溶溶月，柳絮池塘淡淡风”之态。

在日光下沿着黎川行走，看见许多别具特色的缆船石，这是船只停靠系缆的支点，也代表了水乡泽国的繁盛。近千枚的缆船石从岁月里留下了些踪迹，它们像一首似断似续的老歌在反复响起。

那刻着小花瓶、小猴子、小蜜蜂的缆船石，谐音为“平生封侯”；那刻着一个如意、一头梅花鹿的缆船石，谐音为“如意得禄”。美好的祝福与百姓的日常生活交织在一起，让黎里的文化绽放出独特的光泽。能工巧匠们的吉祥图案更是生动还原了黎里人民丰富多彩的内心世界。

遥想当年百姓在这里装卸货物，装米的常熟船，装丝绸的湖州船，装棉花的无锡船……好不热闹啊！

渡桥

水乡，桥就是灵魂。黎里的一句老话十分形象地描绘出其桥之多，“三步上下两座桥”。桥，是街头雕塑，它不动声色，将千年的文化、气韵，直观流畅地保存至今。黎里十二座古桥，各个不同，秾纤得宜，各尽其美。

镇中心的进登桥，无言观望着这世界。单孔梁式桥，美观大方，没有拐弯抹角，没有曲意逢迎，有的只是磊落心怀。立在它不远处摄影，古镇的民居、流水皆因了它沉稳的风度而更凝练含蓄。

进登桥，位于镇中心的单孔梁式桥

横跨伏虎洞和禊湖道院的秋禊桥，由石梁和石板组合而成，行人走在石板上，一半的石板会发出“叽咯叽咯”的响声，别有情韵，故又名“叽咯桥”。“禊湖秋月”是黎里八景之一，瞧那烧香的、赏月的、溜达的人，一波接一波，从早到晚石桥就“叽咯叽咯”响个不停，真能把人逗乐。据说著名诗人柳亚子，带着南社成员组织成支社，名为“酒社”，定期在叽咯桥畔的金镜湖边上泛舟集会，喝得醉醺醺时，就痛骂袁世凯，指责主和派，留下了许多感叹时事的诗篇。

黎民百姓喜欢在石桥边休闲，夏天纳凉聚谈，石桥是最好的去处。这里素有点桥灯的习俗。有天灯，一串九盏，颜色个个不同，煞是迷人。也有四角的灯和横木上的灯，一律白色，书有隶书或宋体的毛笔字，佛道神灵啊、关帝圣君啊、三茅应化真君啊……皆书写在灯纸上。一闪一闪的桥灯，照亮了潺潺流淌的河流，也照亮了黎里人浪漫的梦乡。

若是在白天，天朗气清，站在石桥上眺望，可以望见苏州七子山、上方山和虎丘山，天空洁净，祥云缭绕，的确令人心旷神怡。

柳亚子纪念馆

从进登桥下来，没走几步就到了柳亚子纪念馆。

柳亚子出生于吴江北厍大胜村，1898年，随父亲从乡下迁居到黎里镇，租赁周元理老宅寿恩堂。在黎里，他生活了整整二十九年，而黎里也

成了南社的大本营。南社成员络绎不绝，他们针砭时弊，共商国是，上文提到的“酒社”期间即指辛亥革命失败后柳亚子苦闷彷徨而又奋起前进的九年。

我喜欢柳亚子的一枚闲章——“词客有灵霸才无主”，这是柳亚子请费公直所刻。出典于温庭筠的诗句，寄寓了柳亚子有经世之才而无所依托的心情——一心以天下为己任的柳亚子，创建南社时有一番雄心壮志，决心为国为民干一番事业。可是孙中山仅九十天便让位于袁世凯，从事铁路建设去了。孙中山一卸任，柳亚子便觉革命理想难以实现，彷徨无主的心态让他有了飘零之感。

在柳亚子纪念馆，见到柳亚子铜像，仍能感知他内心的一腔报国之志。柳亚子和毛泽东主席的洋洋洒洒的诗词唱和，更是把人带入磅礴大气中。

我徘徊在柳亚子的书斋磨剑室，朴素的书斋，书桌上安有一尊孙中山先生半身的铜像，微风吹过，大暑中裹挟着蝉鸣的燥热，遥想柳亚子当年在这书斋中伏案写作，撰写了多少爱国诗篇和文章，并编辑了著名的《南社丛刻》。

墙上“磨剑室”匾额让人能十分明确地揣摩出主人的心思。匾额两旁的对联出典自然：上联“青兕后身辛弃疾”，下联“红牙今世柳屯田”。这是柳亚子南社好友傅纯根的手笔，令人联想起柳亚子当年曾改名“弃疾”、别署“青兕”时反对袁世凯的斗争史迹。柳亚子爱极了这副对联，知我者谓我心忧——他几乎游走于黎里各个角落，在黎川边长吁短叹，在金镜湖边畅饮痛骂，在进登桥上慢慢溜达，在长长的备弄“周赐福弄”里思忖革命的火花该怎样点燃……这位具有政治抱负的诗人，凭借他的一己之力，让黎里古镇增添了不少神韵和文化内涵。

值得一提的是柳亚子纪念馆是在闻名遐迩的江南名建筑“赐福堂”

柳亚子纪念馆。古宅原属清乾隆工部尚书周元理的私邸，宅名『赐福堂』，前后六进。柳亚子向周家后裔典租了这座深宅大院的第三、四、五进，这里从此就成他生活起居和从事革命活动的场所里。此宅全称“周赐福堂”，本是清乾隆朝工部尚书周元理在七十岁时修筑的私邸。周元理为官一生，廉洁奉公，劳苦功高，乾隆多次御赐上方珍物并赐写“福”字，给予他紫禁城骑马的殊荣。

第三进正厅，正中高高悬挂着的“赐福堂”匾额，是无锡著名书法家稽璜所书，雄迈清整，谨严凝重。皇帝所赐的大大小小九个“福”字悬挂厅中，再加上稽璜“赐福堂”中一个“福”字，共计十个“福”，故此厅又被称为“十福厅”。

春天，柳亚子望着砖雕门楼上的“贻谋燕翼”四字出神，阳光洒在烽火墙上，有时光消逝之感。夏天，柳亚子在藏书楼上潜心攻读，编书，抄书，藏书，不知疲倦，那满满的五大间房子，收藏了他四十一岁之前搜罗整理的书籍四万四千多册。秋天，南社雅聚，黄叶飘零，知识分子精英们在黎里喝酒赏月吟诗作画。冬天，就围炉夜话，继续读读书写写诗吧！

周宫傅祠

此次接待我的是南社后裔周大有先生。

周先生七十多岁，精神矍铄，在电话里我无法猜出他的年龄，赤日炎炎，当我车头找不到目的地时，他特地步行了一公里和我碰头，委实把我感动得无以言说。周先生也是黎里八大姓之首——周氏后代，所以踏入柳亚子纪念馆，他觉得老宅里的一草一木格外亲切。

穿过古街，周先生带我来到“周宫傅祠”，这是乾隆六十年（1795）周氏后裔专门为周元理建造的祠堂。追本溯源，周氏自宋代濂溪公周敦颐起算，到明朝，周氏第五代一个支脉迁居黎里，“出淤泥而不染，濯清涟而不妖”，程朱理学代表人、文学家周敦颐这句佳句，成为周氏后代恪守的人生格言。

周宫傅祠。乾隆年间，周氏后裔为纪念清代乾隆年间工部尚书周元理所建，共六进，现存第一进到第四进，还有一块乾隆谕祭周元理的石碑和石龟碑座

周大有先生是周氏的直系后代，是周元理的第七代孙，家谱名字是周赉生。“周氏家风，自古以来所倡导的就是一个‘德’字。‘与人为善，助人为乐，知书达理，爱国爱乡’一直是周氏教导后裔的准则，而周氏后裔也一直遵循着祖训，力做有德之人。”一个“德”字，概述了周家的家风。

后代牢记祖训，做了不少好事。黎里镇史上，唯一一座御赐牌坊就是为表彰周元理之孙周光纬而立的，牌坊门额“乐善好施”四字系道光皇帝亲笔御书。

走到周宫傅祠后三进时，我发现这里设着学堂，悬挂着孔子像。原来这是周氏家学，原本只招收本族儿郎，后来招收贫家子弟，成为义学，春秋两季需要祭拜孔子，这里就成为祭祖和祭孔合一的场所。江南不乏祭孔之所，而以家祠祭孔的却很少。

禊湖道院

黎里的禊湖道院是一个气场特殊的地方。

这里，一个人，一面湖，一座道院，从清晨到黄昏，寂寂的雨夜，缥缈的落日，只等水月莲花开，心便芬芳起来。

唐朝李明为私开官仓救济百姓而投湖自尽，百姓闻讯，号哭之声响彻寰宇，纷纷捐资出力，建造祠庙，供奉李明塑像，因祠庙在禊湖中央，所以得名“禊湖道院”。

明嘉靖年间，禊湖道院来了王光曙道长，其人医术高明，擅长绘画、

禊湖中央的禊湖道院

书法、音乐，又深谙养生之道，他热心为民众医病疗疾，并为百姓建起一座望思桥。

清代的道士来了，他们各有神功，读书，练功，养花，博弈，吟咏，修身养性，引领黎里一大批高人雅士。三月梨花白了，纷纷扬扬飘在衣裳上，青玉案台前，笔墨轻耘，清瘦背影，显现了道家独有的气质。

如今道院中，仍有姓王的道长坐镇，王道长独坐禊湖道院，应该有别样的姿态。据说从秋禊桥上走过的人都神清气爽，别的姑且不论，且看湖中睡莲，慵懒地倚在水面，莲的心意让整个夏季绽放，清凉淡远，回味良久。

肆

归隐处

——散淡随和，春花秋月

一个古镇，如果同时被赋予了吞吐气、豪迈气、雄浑气，那是极难得的；一个古镇，温润如玉，似气宇轩昂的古代君子迎面走来，那会让人有猝不及防的心慌与甜美。远离与回落，寻找与顿悟，散淡随和、春花秋月的生活是最好的归隐处，当身心放松了，你便完全成了一个自由的人，丰盈，无拘无束，充满活力，有善性和深不可测的慈悲。

沙溪:“第二周庄”总素颜

沙溪的地理形势很特殊,“跨昆嘉二邑之中,娄江横其前,古塘枕其后。左控沧海,右接马鞍。郡城东南莫胜于此。按龚璛记新州学云:带江控海,商贾之区,漕州之津。或以海邦乐土称之……实为吴中之域雄镇”(明桑悦纂弘治《太仓州志》卷四《形势》)。

沙溪有吞吐气,有豪迈气,有雄浑气,这些气息都赋予一个古镇是极难得的。

闲愁暗度

据记载,沙溪在唐宋时期已形成村落,定名为涂松市。

元代末年,张士诚在姑苏称王后,于涂松修筑土城,并设立义兵营防御海盗,百姓苦于战乱骚扰,纷纷西迁,在如今的沙溪地界定居下来。随着人口的增多和经济的发展,这里逐渐形成了集镇。明代弘治十年(1497)太仓建州,沙溪始属太仓州。当时因为太仓的娄江淤塞,开凿于宋代的七浦塘便成为苏州府和崇明县之间往来的必经通道,官民商贾,

沙溪仍是素面朝天过着悠远自在的闲适日子

纷至沓来，七浦塘所经的沙溪占尽了发展先机，迅速形成“东乡十八镇，沙溪第一镇”的局面，至此，沙溪逐渐走上了繁荣兴旺的道路。

沙溪大可以和周庄相媲美，人们也称它为“第二周庄”。不同的是，周庄被纷至沓来的游客挤爆，而沙溪仍是素面朝天过着悠远自在的闲适日子。

春天，我们一群人行走在沙溪古街，游客很少，因为不是双休日，这种清冷反而成全了我们。打着伞，在淅淅沥沥的春雨中漫步闲走，岸边的桃花开得正旺，应该是寂寞有主的。我们三三两两拉开距离，有的在桃花下瞻望，似乎有了“桃李依依春暗度”的闲愁；有的临窗望着春水，看几只鸭子在戏水拨浪。

我沿着七浦河极目远望，发现两岸民居错落有致，鳞次栉比，当地人说这绵延长达一点五公里的临水建筑，集浙江宁绍文化与徽州文化于一体。我细细观赏，果然风格绮丽。这里的民居家家建有河棚间，精细小巧，挑河而建，有吊脚楼式的，有石头砌的，远远看上去像楼阁，似水榭，轻盈灵秀。河棚下差不多皆有深入河中的石桥，有女子在浆洗衣裳，也有老汉坐在藤椅上开着收音机听评弹。最雅致的是河棚设有窗户，落地花窗影影绰绰，看得见优雅女子在美人靠上小憩。

冰裂形图案在春阳下折射出浓浓暖意，而水桥边的迎春花在春阳的呵拱下愈加娇艳。忽然间体悟到了苏轼“墙里秋千墙外道，墙外行人墙内佳人笑”的意蕴，只不过“墙”化为了“河”，愈发撩人觉得可望而不可即。

庵桥

夜晚，去庵桥看看，像是一张黑白底片亮出影像，云丝不动的夜空是背景，把庵桥衬托得庄重古朴。

从黑黑长长的巷子里走出来，看古镇在暗黑朦胧中凸显惊心动魄的美丽，参差错路的飞檐、饱经沧桑的青瓦、挂满藤蔓的白墙……都在冥冥之中庇护着这一方的百姓。庵桥也是，高高的桥身三分之一嵌入了北岸民居之中。桥是单孔石拱桥，拱洞极高极弯，水中倒影连成了一个

庵桥是单孔石拱桥，拱洞极高极弯，水中倒影连成了一个大大的圆圈，让人有无尽的遐思

大大的圆圈，让人有无尽的遐思……圆满？圆月？圆周？圆融？这么高的桥洞，可以让较大型的船只方便通过。而庵桥桥堍还有别具特色的桥门洞，古时装有木桥门，一到天黑便关闭大门，七里河成了护镇河，防盗防贼。桥门正对着骑跨山墙的过街楼，更夫住在那里。有人喊门，他就居高临下瞭望一番然后开门放行。

庵桥名字的来历，顾名思义，是因为附近有一座长寿庵。庵桥建于宋代，不过当时是座木桥，清康熙四十四年（1705）易石重建，光绪十年（1884）又重修，一直使用至今。遥想当年长寿庵里的小尼姑在月光下轻

轻悄悄地移动脚步，对着圆月似的拱洞凝思时，不知清辉是否也有了怜爱之情，只是出家人的心意已淡定如莲。

我在庵桥上坐了半个时辰。春寒料峭，有些凉意。百姓们已躲进小楼享受天伦之乐。风月之下只有花木在摇曳。文友胡子狼的电话打过来了，问我喝酒是否尽兴？是否回宾馆休息了？这只外表粗犷的狼实在有一颗质朴醇厚之心，我能想象出他日日在沙溪古街的青石板上行走时充满的怀旧依恋之情。“晚安沙溪，晚安沙溪……”穿过庵桥、利济桥、义兴桥，他一路仍在喃喃细语，其中流露出了对沙溪说不清道不尽的无限深情！

归庄黄酒

我喜欢喝沙溪的归庄黄酒，在密封的坛子里，黄酒散发出千年醇香，让饮者必定酣畅醉倒。

归庄——是个地名，在沙溪镇背面，盛产黄酒，然而它又不仅仅是地名，更是明末清初的书画家、文学家归庄。归庄出身书香门第，祖父为隆庆时南京大理寺丞、后人赞其散文为“明文第一”的归有光。归庄和顾炎武是同学，两人志同道合，十七岁的时候一起参加了当时有名的文社——复社，明朝灭亡以后，两人又一起参加了抗清斗争，武侠里有形容并列的顶尖高手如“东邪西毒”，文学上，人们把他们俩的造诣称为“归奇顾怪”。

据文献记载，在明朝遗民的心目中，归庄是一位“抱高节，负才气，善骂人”的奇人狂士。其所作《万古愁》散曲，从盘古开天地叙起，直写到清兵南下，金陵陷落，呵帝王、笞卿相，而独痛哭流涕于桑海之际。全祖望说：“盖屈原《离骚》、《天问》的一种手笔。”顺治帝见此曲尝大加称赞，命乐工歌以侑食。据说魏禧（1624—1680）还能击鼓歌之，实为归庄所亲授。

归庄是一位奇人，以其名做的黄酒更有杀伐后劲，一两坛下来思维便活跃异常，大有舞之蹈之之势，后劲绵远，正如沙溪的文化的厚重。

沙溪虽是商贸集镇，居民多为外迁入镇的生意人，却历来重视对子女的教育，讲求诗礼传家、书香传家。据《沙头里志》记载，自宋代至清乾隆初年，沙溪仅进士就出了二十余人，举人、秀才更是不计其数。随着经济的发展与繁荣，镇上的富贾官民皆慷慨解囊，大兴办学。沙溪办学最早可以追溯到宋代，咸淳四年（1268）进士杨麟伯，在今沙溪高级中学校址上办起了义塾，供当地贫家子弟求学。而沙溪的新式学校，则创办于1904年，至今已逾百年。近现代更是名人辈出，不胜枚举。上海交通大学原秘书长胡粹士，中国新舞蹈艺术事业奠基人吴晓邦，南京紫金山天文台原副台长龚树模等，都是在沙溪接受启蒙和基础教育后走向人生辉煌的。

我喝了一坛归庄黄酒，脚步发飘，似乎“复社”的余威仍在。依稀中想起胡子狼介绍过沙溪有江南民间现代诗歌馆，便飘飘忽忽来到义兴桥南堍，见一间粉墙黛瓦的临河建筑，推门而入，书香茶韵扑面而来。橱柜里陈列着一本本诗集。据说中国新诗论坛连续几届都是在沙溪举行。烟雨江南，诗意地栖居，这是诗人们选择沙溪最直接的理由。诗话沙溪醉了无数迁客骚人，在开馆当天，八十二岁高龄的著名诗人白桦，依然精神矍铄地与一群诗人重游沙溪。他说，犹如小家碧玉的沙溪是如此纯朴美丽，“来过五次沙溪，看过五回沙溪，依然看不够沙溪瑰丽的身姿”。

晚安沙溪

沙溪的文友胡子狼，写了“晚安沙溪”系列，我爱他写的沙溪那些吃食——

“晚安沙溪！年少的记忆，蓝天白云，隔壁班的女孩，一起偷水果的弟兄们，还有残存在嘴角的美味。萝卜丝饼，沙溪街上每个点心店必做的一道美味。秋天，萝卜大量上市，这道点心变成了我们眼里的渴望。可惜，现在萝卜丝饼已经在沙溪街上难觅其身了，所以饼的厚度我也无法去考证了。出锅后的萝卜丝饼，外脆带酥，里面的萝卜丝糯，而且带着萝卜和葱的清香，吃在嘴里，丝毫没有油腻的感觉。特别是混杂在萝卜丝之间的那靠热油温度熟的面粉，有点咸、带点黏，放在嘴里随着那清香滑入喉咙的感觉，无法形容。在沙溪还有一种萝卜丝饼，其形状和油斗差不多，是利泰纺织厂苏北老工人带过来的。”

“晚安沙溪！前段时间，突然想吃粢饭糕，连续几天跑了沙溪的大街小巷，别说吃到，连个油香味也没闻到。最后只好回家和老妈一起动手解了个馋。粢饭糕曾经和大饼油条一起，陪伴多少人度过了一个个早晨，而今却是难觅踪影了。倒是一些大饭店里时常能见到用糯米做的微缩版本，口感不错，但香味却不行。”

“晚安沙溪！经常有朋友们问我，做酱瓜、山药糕、炒花生、熏鱼的手艺哪里学的？为什么对点心那么了解？我胡子狼的爷爷是开茶点铺的，招牌：紫阳观。当时在沙溪乃至周边的乡镇也算是小有名气，如果这个招牌能继续挂着的话，早就过百年历史了，可惜，招牌在公私合营时没了，这店牌仍在老街的一条小弄堂里，被人家钉在了墙上，字还清晰可辨，但字上面的金粉已经没了。”

古里：铁琴铜剑有书香

喜欢古里这个古镇的名称，古意盎然，古风翩翩，恍若一个气宇轩昂的古代君子迎面走来，温润如玉，让人有猝不及防的心慌与甜美。

古里仁风

古里最初取名“菰里”，“菰”为生长在浅水里的一种草本植物，嫩茎称“茭白”，可做蔬菜，其果称“菰”米，可煮食。由此可推断，当地乃沼泽低洼、贫瘠蛮荒之地。自北宋范仲淹首开白茆塘，白茆塘渔舟穿梭，赶集成市，“菰里”亦因其渔网交织，一跃而成商贸日兴的“罟里”，农耕从此走向了渔乐，乡野从此走向了集市。

清道光年间，先贤张公绶书写“古里仁风”匾额悬挂于醒目的牌坊之上，“古里”两字得以慢慢传开。

当下现代化进程越来越加快的时候，古里这座小镇潜影在水墨江南深处，依然端庄朴素。穿行于河塘交错的乡间原野，漫步于曲径通幽的古村里巷，我心怀欢喜，我仿佛在与梦中心爱的郎君约会，而他身上的气质千年不散，有悠远的绵绵书香，有飘逸的侠骨柔情，也有烂漫的率性旷达。

铁琴铜剑楼

站在铁琴铜剑楼的门墙下，我没有被夏日炙热的光芒灼伤，相反，光芒收束在“剑”字上，颇有英雄侠义的气度。我喜欢这样的命名，尤其是这样的命名用在藏书楼上，更何况是清朝四大藏书楼之一，我内心的感慨非一般言语所能形容。

将书香的氤氲化为不朽的金属，只有古里人才能想象得出。

这是瞿家的私宅。瞿氏藏书，一门五代，是中国古籍的保护神。他们爱书如命，饥以当食，寒以当衣，病以当药石，寂寞以当友朋，达到痴绝傻绝的程度。现存的十数万种古籍，无不凝聚了他们的心血。

先从第一代主人瞿绍基说起。他在不到三十岁的时候，就决定把父亲收藏经史图籍的爱好延续成自己的生涯规划。他不惜钱财购置宋元善本，旁搜金石古玩，历十年积书十万余卷，并给自己的书斋取名“恬裕斋”，从此甲于吴中。

铁琴铜剑楼是在第二代主人瞿镛手上更名的。楼主除藏书之外，还有两件心爱之物，一把铁琴，一柄铜剑。琴棋书画之外，还有剑胆琴心，刚柔相济的旋律弥漫在古老的典籍中，是一种怎样的风雅？文而不弱，书剑一体，这又是一种怎样的风骨？如今，铜剑已遗失，铁琴在北京图书馆善本特藏部珍藏。

第三代楼主是瞿家秉渊、秉清兄弟。为保藏书安全，兄弟两将珍善本分散藏匿，先后将藏书七次转藏，最后一次，他们将宋元刊本精校本汇集十夹板捆载出境，涉江北上，

常熟瞿氏铁琴铜剑楼内景。该楼与山东杨氏海源阁、归安陆氏皕宋楼、钱塘丁氏八千卷楼被并称为『清代四大私人藏书楼』

藏于海门大洪镇，终于得以保存大部分珍本。

1873年，读书人翁同龢曾搭乘小舟至古里，让他快意的是他见到了瞿氏铁琴铜剑楼为数众多的藏书，其中不乏京城皇室都少有的宋元善本。翁同龢用带着晚清仕人气息的笔墨描绘当时的心情，“如游群玉，目不给览矣”。后来他忍不住又感慨：“假我二十年日力，当老于君家书库中矣！”

第四代楼主瞿启甲更是经历了不平凡的内忧外患时期，山雨欲来风满楼，面对日本公使馆派来的说客，瞿启甲抽出铜剑奋力砍下书案一角，表白了与藏书共存亡的心迹。

第五代楼主瞿凤起秉承第四代楼主瞿启甲之遗训，“书勿分散，不能守则归之公”，经与其兄商妥，将铁琴铜剑楼五代人精心积聚起来的精善之本，分次归诸国库北京图书馆。瞿家五代人含辛茹苦，毁家聚书，最终却能化私为公，全部捐给公立图书馆，将个人拥有的知识，弘扬给人民大众，这是瞿家的风范。

虽然在铁琴铜剑楼见到的只是影印本，其光华已足以映照天地。瞿

家人灵魂深处对书的热爱以及“藏而不秘，供人饱览”的气度是超绝脱俗的。它留给后人的是一种秘而不宣的精神会晤。

书香泽披乡里，而铁琴铜剑楼，亦成为一座精神的丰碑，它安谧静立于古镇中，俊然朗逸。

红豆山庄

作为言子故里，常熟文风鼎盛，被誉为藏书之乡，明清时期，私人藏书楼竟达一百多座。江南文宗钱谦益自幼酷爱读书，他幼时读书之所，正是古里红豆山庄。两棵红豆树是其外公从海南移来，当时称“碧梧红豆庄”。

我在红豆山庄驻足凝望，这儿正是风水绝佳之处，草木葳蕤，秋水迢迢，鸟儿翩跹，风儿自在。这里远离尘嚣，山为坞坵山，虽不高，登临却可览锦绣江南沃野；水是白茆塘，河不宽，逐流却可通江而达东海。

钱谦益读书疲累之余，定然登高望远，或者看着红豆树作万千联想。

钱谦益和柳如是白发红颜的爱情故事也在这里衍生开来。奇冷的崇祯十三年（1640）深冬，“艳过六朝，情深班蔡”的奇女子柳如是，突然造访虞山，她一身男装打扮，青布束发，蓝缎儒巾，叩响了钱谦益家冷寂的门环。她一下子给红豆树注入了灵气，使红豆成为天下有情人爱恋的象征物。

于是明媒正娶且极尽奢华，绛云楼因柳如是而建，我闻室因柳如是而名，老少夫妻，湘帘檀几，煮沉水，斗旗枪，写青山，临墨妙，读书操琴，吟诗作歌，朝夕恩爱于红豆树下……

钱柳爱情在这里姑且不赘述，需要强调的是钱谦益晚年人生的转折，正是在红豆山庄完成的。由弃明降清而反清复明，红豆山庄见证了钱谦益“人性回归、良心复位”。人生的起点和终点都在这山庄完成，这不得不归结于红豆树的魅力。

官场失意、情场得意，大节有亏、小节不拘的旧式文人钱谦益历尽仕途风波险恶，垂垂老矣又入住红豆山庄。在柳如是的劝说下，他对自己一失足成千古恨的悔意与日俱增。在与“此物最相思”的红豆树朝夕相伴中，触景生情，对虽亏待了自己大半生的明王朝日益怀念，对至今仍在坚持反清复明活动的学生、友人倍增敬意。于是，以红豆山庄为起点，钱谦益的人生出现了颠覆性的大转折，他逐渐将自己的悔意付诸行动，开始暗中与南方、海上的抗清志士秘密联络。红豆山庄清新的田园生活，唤醒了钱谦益这位风流才子在名利场上摸爬滚打时几乎丧失殆尽的良知……

感恩红豆树！几经岁月沧桑，仅存的一棵树仍然顽强地挺立于旷野之上，其他的一切繁华早已灰飞烟灭随风而去。近五百年来，山庄毁了建，建了毁，然而，红豆树却始终森然挺立，枝繁叶茂。谁说“相思”最绵软，最脆弱？错！它其实是最坚不可摧的力量，支撑和唤醒着子子孙

经过了近五百年，始终森然挺立，枝繁叶茂的红豆树

孙……它亦成为一种文化符号，给人以无限怀想和遐思。

李市

我开始一如既往的想象。想象四百年前，一个男人在冬日的阳光下徜徉，他乘着小舟，在白茆塘里乘风破浪。望着乡村野景，他吟诗一首："蒹葭一望路八叉，遥认农家去路斜。舟响小溪过蟹舍，屋颓高岸露牛车……”

他是情教教主冯梦龙，著名的小说家冯梦龙。冯梦龙应朋友之邀舍大河取道支流，折往白茆的李市村落而来，来听朋友唱一肚皮的山歌。常熟白茆山歌充溢着稀有的灵秀之气、婉妙之情，是吴歌“四大嫡系”之一，最早可以追溯到南朝乐府：“吴声杂曲，并出满江南；东晋以来，稍有增广。”其内容丰富、形式多样、乡土气息浓厚。试想，在阳春三月暖洋洋的时节，走到菜花灿烂的油碧的田野里，听轻风里袅出屡屡歌声，岂不醉人？冯梦龙最钟情歌谣中的情歌，认为情歌突破礼教束缚，活泼泼真性情地表达爱意。

“郎是细花背面出松江，姐似虎丘白席在山塘。”——通俗生动、乐天自然的山歌让辛勤耕作了一天的老百姓在田埂间得到了最会心的放

李市是原生态的旧式江南。灰调的色彩，朴素的容颜，一如吴冠中笔下的水乡

松。他们张嘴就唱，从哪里开始都可以，从白茆塘的花草、虫豸、风俗、时令开始唱，从破屋、门板、蚕豆花、放牛哥哥，白斩鸡开始唱……唱着唱着，心就舒畅，人就更有活力。率性旷达的江南山歌，浓情热烈，并不比黄土高原上《兰花花》之类逊色。许多户农人都是世代唱山歌的好手，天生的好嗓子，再加上百转千回的表达，更似天籁之音。1959年，民俗学家姜斌在他的一次田野采风活动中接触到了白茆山歌，据他回忆，当时的盛景可与袁枚记录的虎丘中秋曲会相媲美。他在序文里这样写道："那晚月白风清，河塘两岸人头攒动，河中指挥台上明灯数盏，河面辽阔而泛着青黝的色彩，从四乡赶过来参与赛歌的船只挤满河面……"

如今，白茆山歌已成为中国非物质文化遗产，白茆山歌馆也坐落在水草丰沛的白茆塘畔。

冯梦龙在李市会朋友，说新闻、喝茶、饮酒，听山歌，好不酣畅！李市，据说是因为一个姓李的人为避战祸举家来此，世代繁衍而形成。江南乡间被称为"市"的，在常熟并不鲜见，徐市、赵市、何市、王市……李市作为白茆塘的集市地，在当时相当热闹。

当我驱车到李市村落时，发现这里是原生态的旧式江南。灰调的色彩，朴素的容颜，一如吴冠中笔下的水乡。桥墩上雕刻的花纹依稀可辨，青石老街两侧的民居破败，山墙破裂。糕团店的小吃蒙着白纱布，老人们搓着麻将说闲话。对面两家老式理发店的男主人都年近七旬，懒洋洋地吹着电风扇打盹。问他们老街上是否还有文化古迹，老人抬起原本耷拉着的眼皮说："有个毛！"

不管如何，李市寂寞而单调地守候着。

从李市出来，舟子之歌仿佛依然在耳畔回响。水稻田里一汪碧绿，记得我婆婆说过："那时年轻的时候啊，要乘船到白茆插秧赚些小钱糊口……"那时，她一定也在劳作之余听山歌缭绕，意蕴无穷。

沙家浜：晨昏的迷醉

一到沙家浜，我便迷失于无边的芦苇荡。

而芦苇的影子，像梦，在喑哑的水流声里沉睡。

青灰色的天宇，与往事暗合，无声无息，推动着芦苇荡里的船只。有水鸟在飞，低低地，姿势朴素、优雅。我，在泛着水气的江南，内心张皇而喜悦着，我感觉，自己就像一张浸满汁液的苇叶，开始葱郁、舒展地生长了。

这错综复杂的芦苇荡，依然狭长、幽深着，巧妙的迷宫，诱惑着人向着未知的方向前行。令人慨叹的是，时间、流水、人生，居然都会在这迷宫里相互碰撞、偶合。不是吗？苇塘里溅溅的水声，把那段历史又还原出来了，因为深沉的爱，沙家浜百姓奋不顾身地载着新四军伤病员，在欸乃声里穿梭，在枪林弹雨中游走。

又有多少人，应着一份人生的激情，不远千里，来深情地探望一下这有着天然屏障之称的芦苇荡，来了，又去了。

无言的，只是这份悠远荒古的沉寂。

天际突然涌来一股温暖的色调，它细腻地拂拭苇叶，神秘如风，刹那间吸纳了我行走中所有的困顿与疲敝。水行芦苇荡，犹如停歇于一个古老的驿站，亲切而熟稔，纵使岁月枯去，淀积的依然是精神不老的容颜。

下雨了。清冽，滋润。

细雨打在芦苇上面，发出沙沙沙沙的响声，很轻，很轻。黄昏，散发着古典的味道。而彼岸，是一只只充满了灵性的白鹭，它们在水的深处潜伏着，在芦苇的背后，张望着我。潮湿的古藤攀缘着不竭的生命之墙，我动了动嘴唇，却什么也没说。

船只在芦苇的浓荫下屏息，寻觅着隔世的芬芳。

沙家浜芦苇荡。船只在芦苇的浓荫下屏息，寻觅着隔世的芬芳

茶

春来茶馆

与春来茶馆邂逅，同是在暮色苍茫的黄昏里。

一路仰望，我明白我心里盛载着的是对那位奇女子的钦敬。她，流苏一样的明丽，青花一样的含蓄，不卑不亢，不离不弃，始终坚韧地生活在这块生于斯长于斯的土地。

一切余温尚存着，在梦的惝恍迷离中荡漾着豌豆花怯怯的微笑。暗淡的光线绕过窗棂照在八仙桌上，麦秸秆在七星灶膛里发出噼啪的响声，铜炉里浸漫着虞山新绿的茶香，一缕缕，从岁月的缝隙里飘溢出来。

壶不能言，人也默默。

撑起后墙上的门闼，只觉一片开阔，远处浩渺的芦苇荡尽收眼底。阿庆嫂便是在眼角眉梢中将战情沏入杯中的吗？对新四军郭建光的照顾，又何尝不是弥漫着温情和暖意？“大瓢贮月归春翁，小杓分江入夜瓶”，多么日常的生活琐事，却又分明凝露着战火中的浪漫！

浅啜一口，温软的，润色的。提起竹篾暖水瓶续水，又像是和阿庆嫂接上了心灵暗号。女人的风雅，仿佛就是在才情、智慧与温润里流淌出来的。才下眉头，却上心头，天然一段柔情，又天然一份聪颖，是凌波横塘的那种神韵，一晃眼就过去了，但又缭绕不散而长久地停留在人的记忆深处。它不张扬，不自负，有的只是江南水乡里荷一般的盈盈一立。

店娘是常熟当地人，头发很随意地挽在一边，姣好的面容，嵌在春来茶馆的画框里，是绝好的题材。

春来茶馆
垒起七星灶，铜壶煮三江；
摆开八仙桌，招待十六方。
京剧《沙家浜》

行走于沙家浜古镇，脚步只能轻捷，悠悠的，随着风的气息来体味

坊

老街

我不知道风，是往哪个方向吹。

行走于沙家浜的古镇，脚步只能轻捷，悠悠的，随着风的气息来体味。

天民药铺，有着漆色斑驳的红棕色木橱，一排排小抽屉里放着些花花草草，在拼命地散发着固有的风味，那是灵魂在不羁地游离。民国邮政所，有一个少年，俊秀儒雅，带着学生帽，向着远方投递一封火热的情书。丝绸铺里，贴着周璇的月历画，几个着旗袍的少妇，喊喊喳喳，讨论着哪一段布料最适合三伏天穿。街心的戏台上，锣鼓喧天，上演着《珍珠塔》里最著名的一个段子，表姐送别方卿，泣涕涟涟，说了无数声“表弟呀，你一路上要当心”。台下的观众攥着刚买来的热腾腾的包子，却忘了吃，只是跟着唱词忘情地哼着唱着，小孩子爬到了老树上，透过枝丫看戏。刁宅大院里没有多少声响，唯见老妈子在后院摘菜。

我微笑着，尽管眼前的古镇空无一人，只有旗幡在动。

我迷醉了，这岑寂的街面，在黄昏里隐映着祖辈曾生活过的印迹。它是那般凝重而又缠绵，是那般遥远却又如此真实。

青砖地，马头墙，红木游廊，黑色瓦顶。谁能说这里没有憧憧人影在晃动？没有打烊后一脚高一脚低归家的声音？

春来书场廊柱上的对联这样写着：风声度竹有琴韵，月影写梅无墨痕。有无相生，动静交替，一人坐在空荡荡的书场便也不觉寂寞了。远离与回落，寻找与顿悟，便也在黄昏的古镇里，一下子找到了心灵的皈依处。

凤凰：醴泉曾引凤凰来

先品读元末明初诗人杨维桢的一首诗：“河阳山色画图开，绝壑悬崖亦壮哉。华表不闻仙鹤语，醴泉曾引凤凰来。玉鱼金碗埋黄土，石兽丰碑长绿苔。独有桓桓丘陇在，秀峰相对读书台。”

读罢，怀旧凭吊的古意油然而生。诗歌中所指的河阳山并不高，名声也并不大，因形似展翅的丹凤，又名凤凰山，坐落于张家港。在山的西南有一美丽古老的小镇——凤凰古镇。

乍一听，可能会和湖南凤凰古镇相混淆。当然，名气没有湖南的大，但这苏州凤凰古镇不可小觑。

据《河阳志》记载，始皇南巡，筑大道，京都至泰安过彭城，穿大江入河阳，从河阳至琴川，达会稽。河山城北有三丈浦、黄泗浦，接长江，通东海，南齐建元年间河阳设信义郡，隋朝撤郡建兴国县，县治设在河阳镇。唐朝时扬州大明寺的鉴真和尚就在黄泗浦第六次东渡扶桑。

恬庄古街

沿着凤凰山脚行驶，不一会儿就到了恬庄古街。古街的牌坊是后来重建的，飞檐翘角气势雄伟。想当年，唐宋时，河阳的商贸十分繁荣，

上图：恬庄古街入口，古溪浦塘穿镇而过，人家枕河而居
下图：凤凰古镇入口

从这里输出的酒、盐、粮、棉、丝绸享有盛誉，繁荣的商贸养育了不少达官巨贾、乡绅名士，给后来的河阳城留下了不少景致，有十园八景之说，如武烈王府、桑氏花园、肖家花园、严家花园、顾守备花园、钱御史花园等。

但是这一切古迹残存的已经少之又少。据说小镇在宋末元初突遭兵戮，数千间房屋毁于战火。后来，一些居民看中河阳山东麓约二公里外一条叫“奚浦塘”的小溪，举族迁徙至小溪两岸定居，于是便有了恬庄古街。

青石板上观风景，拖炉饼中飘香味。沿街闻到的是土特产拖炉饼的香味，苋菜、芝麻等各色馅都有，三元钱一个，热腾腾捧在手心，吃到的是江南的味道。

河阳镇还出一种菊花酒，以香粳米、山泉、野菊花酿成，醇香甘美，清火消暑。在河阳桥东，有一楼名叫景阳楼，原是观赏江海日出的佳处，楼上悬挂着一巨大幌子，上书“河阳酒风”。相传南宋时名将韩世忠镇守大江口时，正值酷暑，兵营中时有中暑者，后有一河阳老翁献酒说，此酒有消暑的神奇功效。韩世忠命老翁拿来一试，果然。后来韩世忠对河阳菊花酒喜爱倍加，为每个士兵备陶壶一个，盛菊花酒以备消暑。如今在河阳附近还能时常挖到那种陶罐。

不知道当初梁朝昭明太子在顾山修史时，常往来于河阳城，是否也只为一醉菊花酒?

恬庄古街终于出现在眼前，长约两百八十米的青石板路还原出历史的真相。古奚浦塘穿镇而过，人家枕河而居。老奶奶倚着竹椅凳坐在街头闲聊，看来来往往的行人。铁匠铺、裁缝店、竹器店……凝固着岁月的痕迹。恬庄原来名为田庄，“自杨氏买邻，俗尚恬懋，乃易今名”（见《恬庄小识》）。也就是说，自从杨氏定居田庄，努力倡导恬淡处世、求学上

恬莊

五
百
居
茶

进、尊老爱幼、扶贫济困的民俗民风，而老百姓也因明清鼎革之际屡遭兵荒马乱，渴求安定生活，取“田”之谐音“恬”，恬庄之名便传承了下来。

不一会儿，就到了榜眼府。榜眼府为清乾隆初期孝子杨岱所建，因其曾孙——咸丰时期的杨泗孙考取一甲二名榜眼及第而得名。榜眼府共有五进，分门厅、轿厅、大厅、前楼厅、后楼厅。前三进是平房，后二进为楼房，古色古香，非常安静。

许多时候，只有我一人在慢慢观赏，在昔日的大户出入府邸上下轿的地方，在一般亲眷喝茶休息的地方、接待贵宾及家族议事的地方、合家喜庆聚飨的地方，在主人的书房，小姐的琴房、闺房，主人休息起居的房间，以及丫鬟们所住的房间等，任意穿行赏玩。古时宅子里一干人等一派生机的景象时时浮现在眼前，颇有意趣。

穿过天井，宅子的北部，便是主人的后花园，这里有亭台楼阁、小桥、鱼塘、荷叶、尽情嬉戏的锦鲤鱼。良辰美景奈何天，赏心乐事谁家院。后花园的故事带着中国传统美学一直在上演。而今此地成了闲人们喝茶赏景漫谈的心灵疗养之所。

出榜眼府，继续向北，是碑苑，碑苑大门紧闭，不得入。继续向前，为杨氏孝坊，是清朝政府为了旌表杨家孝子而建。偌大的古建筑里，空荡荡，只见杨氏的祖宗像和牌位，我赶紧折步而返。

回望古街，那位八十多岁的老奶奶依旧坐在巷口，她一生从未离开过恬庄。乡音漫漫，古意眷眷，青石板路在她的眼中幻化成一条流动的溪水、一尾游弋的鱼、一段飞舞的绸带……

河阳山歌馆

在时光流淌的小镇，我听到了绝美的吴歌，那便是河阳山歌，它抒发着人们心中的愿望。

“千条塘泾百条河，山歌不断河阳路。”河阳山歌从六千多年漫长的时间隧道穿越而过，经受了时代变革的涤荡。小镇从古代东夷族中一支名叫“干族”的部落，经历了历代的风风雨雨，蜕变为今天的凤凰镇，他们在劳动中喊出的“号子”，即原创山歌汇集并流传下来，形成了独具特色的河阳山歌。

凤凰镇的人民将劳动与生活中的喜怒哀乐和心声口语，配上自己的曲调，形成了具有地方特色的既淳朴自然又是男女老幼都能学唱的河阳山歌。

为保护和传承首批国家级非物质文化遗产河阳山歌，政府斥资三千二百多万，在凤凰山的西北侧，兴建了一座面积达三千八百余平方米，富有明清江南水乡民居风格的河阳山歌馆。馆内小桥流水，亭台楼阁，一派古典风韵，我悠游于其间，一边在历史的长廊里穿梭，一边聆听动听的山歌。

最为原始的一首堪称中国民间歌谣“活化石”的是《斫竹歌》：“杭唷，斫竹，嗬哟嗨！杭唷，削竹，嗬哟！杭唷，弹石、飞土，嗬哟嗨！杭唷，逐肉，嗬哟嗨！”歌声唤起了歌者劳动的激情，歌声给了他们力量，歌声点燃了他们生活的希望。他们在拉纤、栽秧、打场、挑担等繁重的劳动中引吭高歌，释放心中的负重与愉快。

更有那淳朴自然、热情奔放、具有原生态特色的情歌，

为保护和展示首批国家非物质文化遗产河阳山歌而建的河阳山歌馆，馆内小桥流水，亭台楼阁，一派古典风韵，可与苏州园林相媲美

热辣辣反映了河阳男女的爱情故事。“桃花樱花加梨花，阳春三月美如画。妹约情哥河阳会，双双对对去看花。”“结识私情隔条河，菜花杨柳望情哥，娘问囡婚在做啥？河中鲫鱼实在多。”良辰美景，赏花对歌，这是多么惬意的生活方式！

缓缓流淌的歌声载着厚重的历史，嵌在了凤凰镇，留在了河阳地区人民的心中。历史虽然远去了，但那一曲曲高亢、粗放、舒缓、动情的悠扬歌声，余音袅绕，穿过凤凰镇天空的云层，飘在江南大地上。

永庆寺

河阳山麓有一古刹，叫永庆寺，与常熟破山寺齐名，同为江南名寺，可能也被列入四百八十寺之例。

南朝梁武帝大同二年（536），正是佛教的鼎盛时期，全国兴起修建庙宇的风潮，永庆寺和破山寺同时修建，寺基广达八十六亩，有大雄、弥勒、地藏、藏经等殿堂以及僧舍十三栋共千余间，寺僧一千三百余人，寺左右分别为文昌阁和关帝庙。可见当时是何等的辉煌。可是为何永庆寺

张家港永庆寺

岩扉开早凉，谷鸟分远翔。花气湿幽径，磬声清上方。云生松涧底，花落苏池旁。致有遗荣意，移时坐石床。梁·李湛《永庆寺》

屡次毁于兵灾，而破山寺却完好无损地保存了下来呢？

原来，永庆寺跟河阳城一样，处在兵家必争之地，特别在南宋时，这里是边疆前线，时有金兵南侵，元、明、清三个朝代都经历着同样的战火，风雨飘摇中的老百姓顾不上重建家园，向南逃荒而去。而常熟破山寺是在深山的一条溪涧里，战火烧不到这里，所以即使改朝换代了，寺里的和尚们仍能念自己的经！

至永庆寺，听山野林泉之声，吸清新空气，遥望山顶的文昌阁，便知这里是文人学者理想的研读学问之处。

相传唐代状元陆器年轻时曾在文昌阁刻苦攻读。唐代常熟四高僧之一常达，早年在永庆寺剃度受戒，终日与晨钟暮鼓、青灯黄卷为伴，苦读经书，终成正果。而孔子七十二弟子之一施之常的后裔施耐庵，也曾在此阁楼上久住。白天在门口摆个测字摊，夜里关了门在阁楼上写《水浒传》。

登上文昌阁眺望，能感受到极强的文脉气息。风铃叮当作响，天王殿里传来的诵经之声绵绵不绝，把人带入清凉梵境。透过花木还可见观音像耸立于天地间，端庄可亲。寺内有三绝，一是肉身菩萨，二是天然石井，三是千年古桧。如今保留下来的石井在河阳山秀峰之巅，实际上是一处两尺（约零点七六米）见方的泉眼。泉水清冽甘甜，即使大旱之年也不枯竭，地方百姓称之为“圣井”，志书上称作“醴泉”。

天朗气清，永庆寺香客并不多，我笃悠悠闲转。

我想起当年杨维桢头戴华阳巾，身披羽衣，周游山水，超然物外。他在酒肆畅怀酣饮后，徒步登河阳山，观看了奇石怪岩、悬崖峭壁、醴泉秀峰、苍松翠柏，还拜谒了丘丞相墓、陆状元读书台，他再也按捺不住奔涌的文思，当场写下一首七律，即本文开篇一首诗，这不得不说是才华和个性在山水间的尽情彰显。

好想和杨维桢一起饮河阳菊花酒，一起登高赋诗！

伍

红尘中

——桨声灯影，烟火尘世

苏州是江南中的典型。你也上路了，向着有小桥流水人家的苏州古镇村落出发了，你在一个明媚鲜妍的春天出发，抑或在潇潇暮雨中抵达你渴盼已久的地方，不管何时何境，你内心充满了在路上的未知幸福感，到江南的古镇古村去坐上半日，也许可抵挡十年的浮尘岁月。

甪直：吴淞一碧千家连

古镇甪直的“甪”字，容易把一些外地人难倒，不知道怎么发音。这是一个生僻字，“甪”在新华字典里也没有字头意义，只有词组“甪直”的解释：地名，在江苏省苏州市。

一来就给人一个下马威。游客到了古镇，迎接到的第二个下马威就是古镇巷口的一尊独角神兽，名为“甪端”。它可是当地传说中的吉祥之兽，形如狻猊，专蹲风水宝地，所到之处地灵人杰。当时此地名为“六直”，神兽甪端翱翔天空，巡行到此处时见江湖清澈、水波浩渺，百姓安居乐业，便盘旋而下，栖居到六直。自它降临以后，六直一带更是风调雨顺，人才辈出。这神兽也就成了老百姓心中的图腾，后来索性更名为甪直。

也有人追究，说“甪直”二字启用完全是文人墨客所为。明朝万历年间，甪直著名文学家、戏曲家许自昌以养亲为名告归故里，在镇上购得破败私家园林一处，扩建为百亩之广的梅花墅，从此这园林成了名人雅士争相交游的地方。董其昌、陈继儒、陈子龙等人你吟我唱，好不欢愉！其中董其昌在诗歌落款中把“甪”引进到“六直”镇，之后当地文人墨客就把古镇名字故意写成了“甪直”，“甪”和“六”在吴方言中是谐音，百姓何乐而不为？

最形象的说法是，甪直境内有三纵三横走向的六条河流，构成了一

个“用”字，再加上镇域西北方向的干流吴淞江，犹如“用”字头上的一撇，这七条河流的走向，酷似“用”字的造型，“甪直”因此启用。

若有兴趣就再往上追究吧，甪直古称“甫里”，据《吴郡甫里志》记载，吴王阖闾在本境南隅建离宫，吴王夫差在本境北隅建梧桐园，离宫和梧桐园之间有一个一里见方的小村落，故名“甫里”。所以，别小看了这个地方，历史可以追溯到两千五百年前。

叶圣陶纪念馆

第一站先去叶圣陶纪念馆，这和我的职业、兴趣相关。

叶圣陶纪念馆。原址为吴县第五高等小学，1917年至1922年，叶圣陶曾在这里任教

暑假夏令营，当我带着孩子们瞻仰叶圣陶塑像时，窗下犹闻长者音。叶圣陶，苏州人，是我国著名的文学家、教育家，尤其是他的教育观在当时乃至现在仍发挥着积极作用。2014年，在他诞辰一百二十周年纪念日时，北大教授称其教育理念在当下这个时代依然适用并永远不会过时。

在这个叶圣陶青年时期执教过的地方，我体悟到了作为一个教育者甜津津的味道。那专供女生读书的女子楼、供教师办公的鸳鸯厅、供师生博览的四面厅……全都窗明几净、纤尘不染。屋旁遍栽花木，郁郁葱葱，我穿梭其间，频频捕捉到叶圣陶先生循循诱导的身影——“教是为了达到不需要教”，“文当然要做的，但是要紧的在乎做人”，“教师工作的最终目的，无非是培养学生具有各种良好的习惯”。

先生的碑墙上方、墓台四周的石栏柱上都雕有桃李、万青年图案，象征着叶老桃李满天下，业绩垂千秋。孩子们在叶老墓前的台阶上合影留念，叽叽喳喳说着话。墓园西北的一片空地更是孩子们的乐园，这儿就是当年“五高”创办的“生生农场”原址，碧绿的青菜、细长的韭菜……篱笆下草丛中蚂蚱欢蹦乱跳。先生和学生共同开垦，参加劳动，分享乐趣，这是何等具有人性化的教育理念，比当下应试教育只抓分数、忽视能力培养的观念不知要强出多少倍！

令我感慨的是，青年叶圣陶与同事们还自编教材，进行了一系列教育改革实践，都德的《最后一课》、莫泊桑的《两渔夫》等，对他来说既是一堂堂文学课，也是爱国主义思想课。每逢清明节，他总带学生到陆龟蒙墓前凭吊，晓之以“天下兴亡、匹夫有责”的道理，当伟大的五四运动兴起的消息传来时，他与师生们在操场上召开“五四宣讲会”，还带头振臂高呼“外争国权、内惩国贼”，又带领学生绕镇游行示威，在甪直古镇点燃起爱国的烈焰。

著名作家萧乾先生在《万世师表叶圣陶》一文中称赞圣陶先生“做

人十足正派，表里一致，不投机，不看风向，对人一腔热忱”，是“圣人型”的师长。所幸的是教育界一代宗师叶圣陶工作过的甪直小学，后更名为叶圣陶小学。叶老的教育思想作为立校之本和兴校之路，在绵绵学风中不断传承着。

保圣寺

从叶圣陶纪念馆出来，没走几步就是闻名遐迩的保圣寺。寺庙中有一副元代著名书法家赵孟頫题写的抱柱联，让懂行的人着实吓了一跳：

梵宫敕建梁朝，推甫里禅林第一；

罗汉溯源惠之，为江南佛像无双。

1919年著名历史学家、民俗学家顾颉刚应甪直镇吴县第五高等小学校长吴宾若、教师叶圣陶等人之邀前来甪直，当他初入保圣寺，见大殿外悬一抱联时，大为惊愕。这“惠之”，乃是唐朝的雕塑大师杨惠之啊！再细瞧，十八尊罗汉分列于东西两壁，神采奕奕，栩栩如生，衣纹的线条轻柔飘逸，仿佛微风过处拂起的涟漪，温和连绵，恰似“春蚕吐丝”，确实是杨惠之手笔。顾颉刚兴奋之情溢于言表，遂萌生了保护文物的念头。又过了四年，顾颉刚重游保圣寺，发现大殿正梁已断，岌岌可危，漏折处经大雨浸湿，一题壁罗汉化为一抔黄土，令人惋惜。于是他赶紧回北京，和多方人士联络调剂，终于，1932年11月12日，在孙中山先生诞辰六十六周年之际，保圣寺古物馆开馆典礼在蔡元培、叶恭绰等文化名人的大力扶持下举行，一时爆竹齐放，人头攒动，百姓都为抢救国家文化古迹而感到庆幸。

保圣寺罗汉保存至今真是个奇迹——日军进驻保圣寺，“文革”期间破四旧风潮……它都从在劫难逃的困境中逃出一劫，这是佛缘——且

甪直保圣寺是江南一座著名的千年古刹，现存于寺内古物馆里的塑壁罗汉相传是唐代塑圣杨惠之的作品

看寺内残存的塑壁罗汉形神各异，或结痂打坐，或依岩而坐，或神态虔诚面对讲者，或似笑非笑神情尴尬，显示了佛门弟子简朴清净、姿态不拘、随意自在、清修梵行的真品性。

在保圣寺转悠，不禁想起那句诗“南朝四百八十寺”，没错，保圣寺就是其中之一。保圣寺历经兴废，最盛时，殿宇五千间，僧众千人，范围达到半个镇。如今的山门是按乾隆年间的原貌重修起来的，单间天王殿气宇轩昂，单檐歇山式屋顶，显示了江南佛殿式风格。庭园中，微风拂过，那青石经幢上刻有的陀罗尼经咒似乎秘密发出声音，而铁钟上的铭文“风调雨顺”、“五谷丰登”等字样也在风中传送吉言，祝福这里的百姓安康延年。

陆龟蒙祠

保圣寺西侧有一扇边门，门外一片空旷，这里曾经是白莲寺的原址，白莲寺的一旁，就是唐代诗人陆龟蒙祠。

陆龟蒙有真名士自风流的范儿。有一次他坐在船头，感觉甪直其实就是一户风雅的人家，因此毫不犹豫地住下来，并在甪直终老一生，他别号“甫里先生”。因慕陆龟蒙之名，皮日休、罗隐等吴中的文人学士后来都聚集甪直，相游唱和，盛极一时，甪直的人文昌盛、读书风气与之无不相关。

陆龟蒙祠一隅

这位江湖散人有四大爱好：写作、品茗、斗鸭、钓鱼。据说他训练的鸭子强悍善斗，在当时十分出名。他在甪直蛇泾江南岸地调鸭塍，雇人蓄鸭饲养。他拣漂亮威武的鸭子，归养到寓所的斗鸭池中。再拣鸭子训练，参加斗鸭。斗鸭池二十米见方，四周条石相砌，池植睡莲。池中筑一座四面亭，名叫清风亭，亭的四周砌观鸭栏。亭的东西两端各砌一座小拱桥通岸，名叫东垂虹桥和西垂虹桥。陆龟蒙在亭中凭栏，观鸭子嬉戏于绿莲碧水之中，鱼儿悠游于亭影树荫之间，逗鸭自娱，悠然自得。

明人蒋一葵在其笔记中记录过一则陆龟蒙智斗宦官的趣事。一位长安来的宦官到陆龟蒙园中，禁不住手痒，拿起弹弓便将其中一只绿头鸭射死。陆龟蒙一见大惊失色，叫道："这只鸭子会说人话，正要把它进贡给皇上，现如何是好？"宦官吓得面色惨白，慌忙把身上带的银两统统塞给陆龟蒙，只求不要声张。临走时，宦官小心地问："那只鸭子到底会说什么话？""唔，它会'呷呷呷'叫自己的名字。"说完，陆龟蒙忍不住放声大笑。

陆龟蒙在甪直清澈的山水间徜徉，少了官场仕途的尔虞我诈。他心胸开阔，日子过得无拘无束。他向乡人请教各种农具的名字，发明原理，怎么使用，后来就记成了一本书——《耒耜经》，成为研究我国古代农业生产的重要资料。

陆龟蒙在保圣寺旁购地数亩，筑寓清居，但他修身持家治国的理想没有熄灭，每每见诸笔端，他与皮日休一起被时人并称"皮陆"。鲁迅评价他们"并没有忘记天下，正是一塌糊涂的泥塘里的光彩和锋芒"。

宋朝和明朝远远近近的一些文人，也喜欢到陆龟蒙留下的清风亭坐坐，到斗鸭池边看看，再到陆龟蒙坟冢旁站一站，心里自然妥帖一点。《甫里志》中有人记载："垂虹夹小亭，斗鸭闻荷馨。魂去池尚在，客来思故人。"譬如那一刻的我，在陆龟蒙祠边清坐看景，久久不愿离去。

老宅

推门进甪直民居——典型的苏氏民居，青砖、照墙、阁楼、飞檐、芭蕉造影、藤萝摇曳……无不让人感慨：江南好，风景旧曾谙。

先到沈柏寒旧居坐坐吧，这所建于清同治九年（1870）的大宅房产广布，曾有“沈半镇”之称，现在简称沈宅。主人沈柏寒晓得读书之功用，他在甫里书院设有家塾，后来和好友等人商议，决定把甫里书院改为甫里小学，开设语文、算数、史地、体操等课，当地人称之为“洋学堂”。教育为本的沈柏寒身处一个老式的时代，感知到了故乡的闭塞和迟钝。正是他们的振臂疾呼，使小镇面对外面世界的林林总总时，能坦然自若，从容不迫。沈宅大厅乐善堂宽大高敞，遍布雕饰，其中厅内的两副抱柱联形象地写出了主人的心态：

其一：经济有成，事业俱自苦志起；读书最乐，俊彦都由名教来。

其二：和气祥光，清声美行；尊德乐义，合泽戴仁。

不妨再去萧宅转转。这是清代杨姓武举人所建，后售与里中望族萧冰黎，故称萧宅。整宅五进，依次是门楼、茶厅、楼厅、厢楼和饭厅，都在一条中轴线上，布局巧妙。茶厅和门楼上都建造了砖雕门楼，分别镂刻着“积善余庆”、“燕翼贻谋”，均由清末名士尤先甲题书。

在长约一百五十米的备弄中穿梭时，时光仿佛倒流。当然萧宅名气响的另外一个原因是这里也是萧冰黎孙女萧芳芳的演艺馆。萧芳芳是香港电影演员，曾荣登“柏林影后”的宝座，在当时也算红透半边天。萧芳芳的演艺照，更增添了故乡老宅里的一层妩媚和丰盈。

还有，王韬纪念馆，建议你不要漏了。王韬，甪直人，在当时提出“富强即治国之本”，提倡学习西方的科学技术等等，为戊戌变法做了充分的舆论准备。他的爱国思想和开放意识自始至终是值得称道的。1998年甪直镇政府筹建了王韬纪念馆，韬园中杨柳依依，是对故人永远的怀念。

甪直的桥

典雅的黑。凝重，辽远。

像是一场精心营造的邂逅，我终于从觥筹交错的晚宴中脱身出来，我说，无论如何，我要到甪直的古镇上去走一走。

永安桥是进入甪直古镇景区看到的第二座桥，与其他的石拱桥最大的不同在于，它的桥拱是架在河岸上的，没有桥柱

微醺的醉意，和着夜风的清冽，我也像扎着蓝印花布头巾的船娘，风姿绰约地，在青石板铺就的小路上，开始我琐碎而细腻的夜访。

它小睡着。跟我一样，有些许的疲惫。幸好，白日的焦躁、喧嚣在夜风的抚慰下一丝丝褪去。我们的呼吸里竟然有种秘而不宣的喜悦，好似，我摸到了它凝露着霜雪一样的皓腕，江南柔软的织锦。

一位老者，搬着一块块乌漆塞板准备打烊，老式的门缝里，还透着生活温热的气息。老者的神情，恬然而散淡着。塞板对于他来说，熟悉得如同自己的孩子。早晨睁开眼，第一件事，就是将塞板一块一块地搬卸，日暮夜至，他召唤着它们，一一回家。

在小镇的路上游走，歪斜，肆意，藏拙，丰美。

高跟鞋敲打着青石板，有串串的跫音，滴落在浓墨的宣纸上，一时间，无限晕染开来。我不禁有了“深巷明朝卖杏花”的沉醉，私密的爱恋，竟像徐志摩形容的，要在星辉斑斓里放歌了。然而，我也只能沉默，因眼前一座座紧密相连的江南的古桥。

桥，基本上是清乾隆以前的，更早的，可追溯到宋代。它们无言，敦厚，守望着。永宁桥、万安桥、和丰桥、进利桥、兴隆桥、寿昌桥……名字里，就散发着安康祥和的盛世风味，贴着它走上一走，那豁然袭来的味道更是深浅不一的。几尺深的裂痕、磨滑的桥栏、吉兆的图案、任水冲刷历经岁月沧桑的桥墩。陆龟蒙枕着水桥“两袖清风，放鸭池边”，在偏僻荒凉的角落里，细细拍打着鞋跟上的泥土。叶

圣陶袭一身青布长衫，在灰色的天宇下，伤感地看着农民粜米。手上烟斗里的灰，像他沉重的叹息，飘落得不知所终。

桥，从某种意义上说，更是一种时间。

记得一位爱好摄影的旅人在威尼斯停留时，不禁感慨：桥，象征着一种过渡状态，一种进行，离开一个岸，要去下一个岸，在路上。

继续往前走，沉沉的黑。

小巷，真正的黑咕隆咚，但还算不上伸手不见五指。依稀还可以辨认出飞檐翘角，高高的马头墙，石碑。没有犬吠，少了一份古镇的韵味，但也使我少了一份儿时走夜路的恐惧。理直气壮地，往前走。一抬头，居然已来到保圣寺门前。朱漆大门，剥落了几分。古铜环扣，在黑夜里泛着光。我没有轻敲，生怕惊扰了寺里还尚存的九大罗汉。

折步而出，幽深的巷口亮着灯，影影绰绰中，有评弹声。《玉蜻蜓》里庵堂相会的一段，母子泣涕涟涟。加快脚步，有做南瓜饼、青团子的点心店，像是一家三口人，小伙子头发上还挂着面粉，趴在窗格上听着一台小收音机，见我过去，赶忙招呼生意。

水墨画。青藤。喑哑的水流声。岑寂的街面。

就这样，挺好。

夜行于我，有着百般的诱惑。可惜没有乌篷船，不能似张岱一样在夜航船上，放浪形骸。常常，是坐在自家宁静的书屋里，对着无尽的夜幕神游八荒。而今，我茕茕独立于陌生的古镇，微叹着，又互答着，我的穿梭像尾鱼，神情里张皇着忧伤和喜悦。

选择典雅的黑，我一开始就承认，我是在蓄意编织这丝宁谧的氛围，因为我怕，撞上白天的它，我会手足无措……

同里：人生是场往好里做的梦

清冷的早晨，烟雨蒙蒙，听不见鸡叫，就怅惘。

到江南的古镇去坐上半日，也许可抵挡十年的浮尘岁月。人生是场往好里做的梦，于是，去同里，离东太湖不远的古镇同里。

街上的时光

秋水漫漫。南园茶社那条街显得寥落，别进一家卖蓝印花布的店铺，和店主人攀谈。主人并不是本地人。他是南京人，退休后便在同里租了个小店面，一晃十多年，卖些雨花石等南京特产。同里清静、悠闲——老人喜欢这种节奏感，老伴离开人世多年，他也不热衷麻将之类。两百元一个月的租金全都在里头了。前段商铺，中段厨房，后段卧室。我探头一看，房间很简陋，一床一蚊帐，一个二十寸电视机，仅半个平方大小的窗户，推窗，底下浅浅流水，味道并不好闻。每天清晨四五点钟，可听见河边刷马桶的声响，还有棒槌捶打衣服的"噗噗噗"声。老人一直被这种单调护佑，简直不可区分今天和昨天。

老人姓时，时间的时，这个姓氏在我周围很少见。

寒雨，一层比一层下得凉。随着屋檐下坠，便成雨帘。在雨帘下和姓时的老人静坐了一两个时辰，我隐约中听见鸡叫，身体像遥远的往事轻浮起来，巷子里没有人在卖杏花，风也不狂，细雨梦回鸡塞远，却有一个经历了“文革”的老人在絮絮叨叨说起过去。我问时老先生，如今你怎样打发一天的时间呢？他推了一下架在鼻梁上的老花眼镜说：“陪客人说话，介绍商品啦，没有人的时候就看订阅的《现代快报》，打烊后就是电视机陪着我哦！”

来到鱼行街。鱼行街，过去就是卖鱼的街，河对面是竹行街。我点了两个菜，藕丝青椒、肉末粉丝煲。女主人身体滚圆，头发稍短，挺胸，一看就是个大嗓门。我问她是否知道一些同里的故事，她顿时眉眼笑开了，说：“哎呀，我们这家古宅就是嘉庆年间的，那双眉弄就是有名的姐妹巷，我太公娶了姐妹俩做老婆，一条巷子分出两个方向，老太爷高兴，爱上谁的房就上谁的房，多方便！”

这条幽深曲折的弄条，我特意去走了下，两房各在左右。二女同伺候一夫，姐妹又情深，所以随老爷兴致，愿意上哪一房就哪一房，并无芥蒂。甚至能听到老爷微醺的脚步声以及对面房内嬉笑声，独守孤灯的一房也没有嫌怨好生，依然和和气气，真正是好。

女主人搬了张椅子，坐在河岸边，双脚跷起，剥石榴吃。

隔壁阿婆心情好，突然拉开嗓门唱了一句越剧“天上掉下个林妹妹”。烧菜的女子收拾停当，也靠在店门前的椅子上，歪着头。我问她可是女主人的妹子？她摇头，呜了声，并不解释。我细瞧她烫着卷发，歪斜在椅子里，比起女主人有两分姿色可言。

同里三桥，太平桥、吉利桥和长庆桥。每逢镇上人家婚庆喜事，都要抬花轿，走三桥，寄托美好的祝福和希望

店里有一只狗叫小白，品种好，很受主人重视，屋外有两只野狗，专吃女子倒在屋外陶盆里的残羹，竟也养得肥肥壮壮。女子说："只怕它们过不了冬。"意思是说一到冬天，镇上的居民会把它们逮了烧狗肉吃，说完又补充："本来就是野狗，又有何妨？"一时间，一只黑狗大摇大摆窜到小白门前，立刻，小白狂叫，两只野狗立马应声而上，一起驱逐黑狗。唱越剧的阿婆说："狗也很势利的，谁到了别人的地盘就会'吃生活’，那两只野狗吃人嘴短，就拼命附和那小白了。”

对面竹行街有一个男人，四十开外，极兴奋地在哇呜乱叫，手里捧着一本花了三十元钱买来的旅游地理书。几个女人学他的戆笑，他嗓门尖利，穿透性强。烧菜女子对着我指指脑袋，说：“他这方面有点问题的。”我记起明月湾古村落也有一个傻小伙的，二十多岁模样，裤子总会落到脚跟旁，连老婆子都免不了臊他几句。一次游客的照相机掉到河里，傻小伙忙前忙后拿竹竿帮忙捞，老婆子说：“你出了卵下去摸，人家会给你一百大洋的！”他跺脚假装生气，躲在树后半天没有露面。

庭院人家，古山茶花开得正盛

小镇上壮年不多，小青年更是少见，大都买房到苏州吴江居住了。烫发女子告诉我，等游客走光，晚上八点钟的同里，也就熄灯上床安寝了。到冬天的话，傍晚六点开外街上就不见人影。洗好脚，缩到被窝筒里，看看电视就睡觉了。如今旺也就旺个节假日，等十月一结束，她们就真正闲暇下来。

漫长的冬季做些什么呢？枯枝、暖日，也不可能日日闲扯啊！

烫发女子“扑哧”笑出声来：“玩啊——搓麻将！搭子都是现成的，一搓，搓到开春三月，迎春花开，小镇又将热闹开去的！”

古戏台

薄暮时分，有斜斜的余晖。光线照射在两排香樟树上时，成千上万只麻雀叽叽喳喳，吵得沸反盈天。还有很多鸟，从远方飞来，以迅疾的态势冲刺，迫不及待要在香樟树上落脚。我仰着头看，有眼花缭乱之感，我问一个抱着小孩的妇人：每个傍晚都是这样吗？

我所站的位置是古镇同里老街入口处。青石板路在摩托车的颠簸下发出“噗噗噗噗”的响声，看得出，那回家的人和树上的鸟一样有一种归心似箭的感觉。游人散尽，古镇露出了它原有的朴实——卖烘山芋的朗声叫喊着，一群小孩围住了装满橘子的板车，绿杨馄饨店走出一个胖胖的圆眼睛姑娘，她系着围裙，手上油渍渍，踮起脚尖向着老街的那头张望着。

夕阳橘红色一团，斜射到古戏台柱子上时，书院里的司文育就会有种说不出的味道，像衣服失去了颜色后的伤感。他是说故事的人，晓得故事里人的忠孝节义、情仇爱恨，现在，故事还在，却没有了认真上演的戏子。

外地游客不管，一到这儿，就会兴奋，拿出相机狂拍——那飞檐翘角，那空空落落的舞台仍然很有味道。出将，入相。“门帘一掀，”他对他的客人说，“会出来娇滴滴的小姐莺莺，也可能是满脸酒气的武松。你瞧那对联写得多有感觉：顷刻间千秋事业，方寸地万里江山。”话一出口，他却瞬间有了物是人非的恍惚。

小镇最能养人，养出人的性情来。

也有笃头，吴语方言，一根筋的意思。但也笃得可爱、有才华。譬如说，胥口镇的阿胡子，给一个小厂看门，成天一壶酒一斤猪头肉，古体诗写得无人能及，“文革”时因政治原因下放到农村，至今未婚，对女人也心思不大，只在酒缸里泡着。典型的没落贵族。熟知他的人说，真名士自风流也——你来试试看哇啊来塞？

一条悠长而逼仄的弄堂，弄堂的名字叫穿心弄。

看那穿街而过的一个男人，奇高，奇瘦，戴眼镜，外八字，走起路来像刻着《金刚经》的一片竹简。看着就有意思，觉得有隐匿之后的故事，跟凶杀、忤逆、背叛、私奔、火灾、盗案无关，小镇有其他的戏路，主人公或许就是他。

一个老婆子，穿绿色绸面夹袄，用红头绳扎两小辫，头上扎着花色毛巾。喉咙脆生生的，让沿河而坐的客人点唱。一听我和朋友是写作的，主动声明要免费为我们唱《同里四季歌》，果然，音色骄人，原汁原味。

老婆子身后跟着她家老头子，摇头晃脑拉二胡。老婆子喜滋滋拿出一张彩色照片，说后天她还要去北京参加达人秀，和苏有朋PK呢！

我说：“你肯定有两件绿色绸面夹袄。”

她眉毛笑弯，说：“哟，正被你说中了！我两件衣裳替换穿——”

珍珠塔

我住在客栈小楼上，躺在雕梁画栋的老式片子床上，窗外犬吠声已

珍珠塔全景图

完全停息，迷迷糊糊间，进入了梦乡。

梦见了《珍珠塔》中的小方卿和表姐临别时，在绿秋亭，表姐千交代万交代叮嘱他一定要拿好那包“干点心”。儿时就熟知这段戏，和着方卿一起骂陈家姑母势利，未想到表姐有情有义。白日到珍珠塔景点一瞧，才明了陈家真是显赫，那御史府的大门厅，岂是一般老百姓能踏进的。

瞧那砖雕门楼上苏州香山帮匠人的杰作——砖雕斗拱、挂落，两边的狮子莲花挂柱和“群童舞龙”、“群童放爆竹”的欢度新年的镂雕，上额枋的“缠枝牡丹富贵”，下额枋的“祥云仙鹤”，皆可称得上是巧夺天工。这“克遵儒风”四字，是表明了陈家主人严格遵循儒家信奉的孔孟之道，又说明了主人家一直是专研诗书、科第不绝，儒风延续。怪不得姑母一定要方卿去博取功名，以此为难方卿。后来方卿科举成名，封为八府巡按后又乔装成唱道情的穷书生，用唱道情来数落羞辱姑母，就是在第四厅兰云堂内。

有意思的是小姐的绣阁要登上十八级楼梯方能进入。这十八级楼梯可是非同一般，在评弹艺术中，小姐从绣楼走下楼梯，去见方卿，每走一层就有一般回忆和思想活动。评弹总共要说十八天（回），才让陈彩娥小姐走完这十八级楼梯，长长的心路历程啊，唱出的是才子佳人缠缠绵绵在天愿为比翼鸟的忠贞爱情故事。

陈家院落确实大，春天里走一遭，对着满园春色和浓郁的文化氛围，有着惘然不知身处何方之惑。紫薇堂的静雅，绿秋亭的琴韵，浮翠画舫中的昆曲声声，小兰亭里的雅集，似乎跟江南有关的文人艺术都荟萃在这里。

在无边的梦境里，我把耳熟能详的《珍珠塔》唱词再温习一遍，也算是同里一雅。

退思园

江南古镇园林中唯一的世界文化遗产，退思园。『退思』两字在中国园林艺术中，就代表源远流长的隐逸文化

同里，最初名字叫“富土”，太富了，太显摆了，有识之士把“富土”两字拆开，重新拼装一下，就成了“同里”。宋元时期同里就是这样的盛况：“民丰物阜，商贩骈集，百工之事咸兴，园池亭榭，声技歌舞，冠绝一时。”（嘉庆《同里志》）一路沿街而走，同里就是一幢明清建筑的博物馆，一千多年来，这里的官宦隐退，商贾置业，文人雅聚，颇有点

在古戏台上“你方唱罢我登台”的感觉。

岁月如流。有一个地方，既然来了同里，那就非得去走一走看一看——退思园。顾名思义，“退思”两字在中国园林艺术中，就代表源远流长的隐逸文化，如沧浪亭、拙政园。主人任兰生在面对慈禧太后的诘难时说：“退而思过，进而报国。”被革职还乡后，任兰生回到同里花了十万两白银，用两年时间建造退思园。退思园运用了抑景、对景、隔景、

借景等手法，集清代江南园林之长，小巧玲珑，清淡雅宜，亭台掩映，自然和谐。一园之内，四季景观纷呈，尤其园中建筑紧贴水面，园林学家陈从周先生称退思园为“贴水园”，退思园成为江南小镇上唯一被列入世界文化遗产名录的园林。

退思园内的老宅是四周浑然一体的走马楼，也叫“四水归堂”，这是典型的徽派风格，依照徽州人的说法是肥水不流外人田。任兰生想的是从前的工作和生活，这是溢于言表的缅怀。

漫步进后花园，忍不住轻“呀”一声。园林虽小，却集中了江南园林的亭、台、楼、阁、轩、廊、舫、桥、榭、假山、水池等，而且，春、夏、秋、冬、琴、棋、书、画各景齐全，松、竹、梅、荷、桂、兰相继争艳，完全体现了任兰生避世隐退、静养身心之意。人生到处知何似，应似飞鸿踏雪泥。苏轼早就给自己的人生做了超脱豁达的定位，我们凡俗人都在期许什么？无非就是心灵的畅达与宁静。

任兰生很想让自己接下来的岁月能平静如水，与园共度，同赏花好月圆、秋风秋菊。可是事与愿违，就在退思园落成的那一年（1887），由于其他官员为他保奏，任兰生被朝廷批准复职，被派送皖北抗洪救灾，他不辞辛劳，问民疾苦，却不料在光绪十四年（1888），咆哮的洪水使马受惊，任兰生被掀翻落马，摔伤尾椎，伤口不幸染了毒疮而去世，年仅五十岁。

任兰生缔造了退思园，却没能好好享尽它的风雅，这一亭一阁，留给了后人。

留下的，还有后人对任兰生无尽的念想。

旺山：桃杏满村春似锦，踏歌椎鼓过清明

在城市久居以后，会特别想念韭菜、香椿头，想念土鸡在院子里溜达，想念在山脚下喝一杯清茶的感觉，甚至傍晚五点下班以后，这样的心念仍萦绕不息。那么，就驱车去离城市并不太遥远的古村落旺山吧！旺山位于苏州城西南、横山南麓，东邻石湖、西连东山，烟水朦胧间，你会发现一村落桃红柳绿、茶树满山、竹海依依、流水潺潺，这里是苏州的“最美乡村”。

叆叇岭

叆叇岭，这个名字有些拗口，但从字面上可以知晓这里常年云雾缭绕，恍若仙境。确实，这里是尧峰山和宝华山之间的一个山口。因太湖水汽常和山风在此相遇，导致山口周围时常云雾弥漫，故得名。又传说每年聚于太湖的野鸭都会从山口纷至踏过，故又称“鸭踏岭”。

我喜欢一个人漫步叆叇岭，鸟雀呼晴，我欣赏着“奇石耸危壁，飞泉赴幽潭。从篁接空虚，偃松碍烟岚”的幽情，领略深山茂林世外桃源的神韵。空气是那么清新，满山的碧螺春茶树身姿挺拔。在这冬暖夏凉、云雾滋润的生态环境中，茶树们更加得了精气神，冲泡的碧螺春茶味鲜

苏州旺山

生津，清香芬芳。

忽地见一水池，形状和葫芦极为相似，名为葫芦池。传说吕洞宾路过尧峰山，看到这儿风水绝佳，香火旺盛，可惜缺水。就问洞庭君，怎不把太湖水引点过来？洞庭君说，太湖确实水很多，但要绕过尧峰山也甚是麻烦。吕洞宾便道，既然你怕麻烦，我药葫芦里有的是水，就送你一瓢吧。说罢就摘下身上的葫芦，往尧峰山下一泼，叆叇岭下立刻就出现了一个水池。

走不远，还能看见梅花井，传说又和仙人相关——那仙人路过七

满山的碧螺春茶树身姿挺拔

子山，曾向山上僧人要水喝，却受到了僧人的刁难，为惩戒他们的吝啬，仙人一气之下就背走了寺庙里的那口井，但背到尧峰山后，因为贪看尧峰的美景，又觉得背上的井是个累赘，便顺手摔到了山下。谁想这井落到地上竟碎成了五瓣，远远看去极像一朵梅花，从此就有了“梅花井”、“五瓣井”这样的名字，且井里的泉水清冽甘甜，常年不竭。

在尧峰山半山腰有一龙洞，据方志记载：“危崖云叠，呀然中豁如屋，可坐数十人，其内有穴，尝飞白龙，故名。”龙洞还与僧佛关系密切，高僧湛川性禅师曾在洞内创云阿居，他“行脚有年，还返于吴，始至尧峰栖止龙洞之石室，死心参禅，昼夜危坐”。

在这样的密林深处行走，适合参禅悟道，风一吹，满脑子的烦恼烟消云散，只是感悟：在山野里你完全成了一个自由的人，如此无拘无束，如此丰盈，如此轻松，如此充满活力，如此有善性和深不可测的慈悲。我可以亲吻一片小小的碧螺春茶叶，可以深吸一口气，可以坐在山林里打坐，直至明月来相照。

朋友在茶博园久等，真的有一轮明月，对面一杯碧螺春茶泡出了淡雅从容，好茶，好山！

钱家坞

坞是地势周围高中间凹的地的意思。

钱家坞是在群山环抱中，是吴地特色非常鲜明的自然村落。

走在村子里，我感受到扑面而来的童年气息、乡村气息。古树绕山村，鸭戏水池边。各色土狗以好奇的目光打量着进村子的人，它们并不乱吼叫，相反，欢欢喜喜地，帮助主人迎接客人。园子里的蔬菜长势旺人，茄子、韭菜、丝瓜、青菜、莴笋……我禁不住回忆起儿时和母亲在园子里种菜浇水的场景，水清冽冽的，泼洒到蔬菜身上，它们铆足了劲儿争相喝水——如此鲜活生动！

老母鸡慢吞吞地在古树下转圈，更有呆头鹅，一路摇头晃脑高声朗叫，冲散了行人的队伍，它们甚是得意，继续朗叫。

每一户人家，都是酒旗招展，高朋满座。农家乐，成为钱家坞的特色。聚福苑酒楼、耕岛、浪头人家、缘园、湾里人家、乡里乡亲酒家……各色各样的名字，显示了好客之道。来旺山，一定要犒劳下自己——品一下旺山皇品乳鸽、黄焖野河鳗、向阳肉、土鸡砂锅、农家水面筋、干锅鱼头等等农家菜，才算不虚此行。

最好是住下来，把心安安静静在乡村放几天，吃完饭后沿着乡村走几圈，会听到蛙鸣虫声——久在樊笼里，复得返自然。陶渊明会在此驻足，这和他《饮酒》系列组诗的意境完全相配。范成大更是这里的常客——此处离石湖不远，范成大打好酒，青梅酒，喝它个十杯也不会倒。湖里的鲈鱼活蹦乱跳，邻家的鞭笋伸过院墙。鸡飞过篱笆，黄狗在叫，推门一看，原来是有行商来买新茶。来来来，先喝一口青梅酒，生意不生意，回头再说。

我喜欢带外地文友来这儿小酌，临河喝酒，看得见对面的农妇在弯腰除草，河虾鲜嫩，一瓶花雕是不在话下的。这儿离苏州城不远，却能亲眼瞧见大头青菜叶翠绿，春天的原野一片葳蕤，吃着吃着，有咏赞春天的激情。

从耕岛出来，微醺地钻进一片桃林，恍若到了大观园，有史湘云醉卧芍药圃的冲动。“桃奇满村春似锦，踏歌椎鼓过清明。”这是范成大的诗歌，范成大亲眼所见大团大团的桃花簇拥住了整个村庄，人们舞之蹈之，不知不觉清明已到。

这镜像沿袭至今，不信，可以来旺山瞧瞧。

宝华寺

抬头望，满山的竹海绵延数公里，微风吹过，竹子如同海洋波涛起伏，修竹翩翩起舞，使人犹如置身于竹林的波峰与波谷之间。我深吸空气，在自然氧吧中徜徉，竹叶在阳光下翻飞。我走在飒飒作响的竹林间，静默，仿佛所有的华丽、纤秾、盛大在身后消亡、隐退，只剩单一。单一的物种、颜色、味道、气质、纯洁度，沉默而遥远地单一着。也许我一直心生企盼与念想，我在纷扰的时间外挣扎，然后越过喧嚣的樊篱，一寸一寸，来到旺山竹海。

竹海中的宝华寺

“万竿绿竹影参天，几曲鸟鸣入山幽。”在竹海中，可以忘记城市，可以拾得自我，这是一种禅境，而坐落在旺山村薛家湾宝华坞的宝华寺，恰是一座禅院。这寺庙始建于南朝梁天监二年（503），原称“宝林院”，距今已有一千五百年的历史。因这里的山脊左三右四，翘展分支，如莲花初开，五代十国时被吴越王钱镠改名为“宝华寺”。宋代，因智显禅师曾在此居住，因此又有“智显禅院”的称呼。清末民初，该寺已颓圮荒废，直到2000年才得以重建。

去憨憨泉兜一圈，憨憨泉又叫“颔颔泉”，据说天竺颔颔尊者曾手携锡杖，云游四方。一日来到尧峰山下，见这儿山清水秀，风光迤逦，便将锡杖插入泥中，决定在此筑庙驻足。谁知当他拔起锡杖时，地下就有一股清泉涌出，从此永不干涸。再去放生池看看摇头摆尾的乌龟、游鱼，一切以慈悲为怀。观音池中有汉白玉观音塑像。观音手持净瓶，通体洁白无瑕，让尘世中的芸芸众生有了源源不断的真善美的念想。

九龙潭

秋天，我爱在旺山银杏树下散步留影。透明洁净的黄色，把我的心也染得晶亮亮的，眼眸中自然多了道生活的亮色。来此处拍婚纱摄影照的人更是络绎不绝。“碧云天，黄叶地，秋色连波，波上寒烟翠。”文学家范仲淹是吴县人，他的词道出了眼前令人迷醉的秋景图。

令人赞叹的是，这三百余亩的旺山银杏茶叶基地，采用银杏和茶树套种的方式种植，其中种植银杏五万余株，银杏特有的植物药性可以帮助驱逐蛀蚀茶树的虫类，茶树可以在银杏树的保护下更好地生长。这种套种的方式可以保证基地所生产的茶叶是真正的绿色生态农产品。在天然山林环抱之中，银杏树和茶树相互辉映，形成一片翠绿的风光。

九龙潭有九龙戏水瀑布，有揖山亭，有茶楼，有西施塘，有范亭。其中西施范蠡的故事会一下子把人们的思绪拉到两千多年前。旺山村所在地区因位于“临湖控越”的横山脚下，曾一度是吴国西南重镇。传说当年范蠡就是从这里护送西施上山入吴的。当年西施入吴，自离家后便一直闷闷不乐，来到此处看到这一汪清泉，酷似其家乡的山水，方才露出一丝笑容。西施原是浣纱女，长年与水相伴，见到这一泓清泉，不禁跳入池中戏水洗浴。

故事流传至今，这儿也仍然保留着“上山塘”、“西施塘”这样的称呼。池塘边的亭子，也因范蠡曾在此驻足护卫，而取名“范亭”。

从旺山出来，慵懒从容，吸足了氧气，吃足了山野味，喝足了春茶，整个人慢慢悠悠，从画中走出，脚步淡定了若许，心，变得清明而无一丝杂念。

陆

水云间

——水乡泽国，咫尺须舟楫

江南的古镇，温婉、精致，在水的滋养下，历经千百年，而古风依旧，江南文化的温软感和岁月的沧桑感糅杂在一起，使你内心的柔情蜂拥而至。当然，苏州的古镇除了温婉、精美之感，也不乏豪迈悲壮之意。行走在太仓浏河古镇，看着滔滔江水，你会被当年六国码头的气势所震撼，江海雄风吹起，郑和七下西洋的伟大远航从这里开始。

周庄：彼岸意念

双桥，是江南的象征，是故乡的回忆。

吴冠中走过周庄时，被周庄水的宁静所打动，坐在岸边静静画周庄的水，它是那样丰盈、复杂、多样化。江南的内涵在此化开，素朴的美中映衬出白墙黑瓦。水是银灰的，有几个孩子，穿得红红绿绿，跳跃在银灰色彩里，但整个基调仍是蒙蒙的银灰。春天也是如此，南方的春天阴天多，没有阳光的干扰，江南本色的东西就显出来，和谐极了——这是吴冠中笔下的江南春阴。

“黄山集中国山川之美，周庄集中国水乡之美。”吴冠中动情地说了一句话，这成了对周庄最佳的赞誉。

后来，旅美画家陈逸飞来了，他通过画家朋友杨明义介绍，花了整整六个小时，从昆山摆渡到偏僻的小镇周庄。陈逸飞立即被周庄的桥吸引住了。周庄桥质量上乘，且保护修缮得不错，连名字也值得人玩味：富安桥、贞丰桥、福洪桥、世德桥、永安桥……

盛夏的莲花开了，世德桥、永安桥组合成一把钥匙静静潜在周庄的枕水梦乡中，那一横一竖的桥面，一方一圆的

桥洞让人遐思。暮霭初上，光影凝着思乡之情，陈逸飞的灵感来了，他一次又一次伫立在双桥观赏，还往返于橹船上，他要寻找到一个观察双桥的绝佳位置，把最美的画面烙在心上。回到美国，陈逸飞马不停蹄创作了《故乡的回忆》，画作送到画廊时，油彩颜料还未干呢！此画后来被画廊主人、美国西方石油公司董事长阿德曼·哈默买了下来。机缘巧合，1984年11月，石油大王来到神往已久的东方土地——中国，将油画《故乡的回忆》作为礼物送给中国改革开放总设计师邓小平。一时间，在海内外引起了巨大的反响，周庄，这座江南的小镇也从此在全世界亮相。

彼岸，是故乡，是江南小桥流水的牵引，是魂牵梦绕的精神所在。成千上万的游子回归故里，来双桥寻找慰藉。双桥成了一把无形的钥匙，锁住了游子流浪不羁的内心。

2005年，陈逸飞因劳累过度而离世，他变成了一只蝴蝶，披着七彩衣徘徊在周庄的夜空。周庄人也不忘画家的恩情，选了一座明清风格建筑“沈氏义庄”，建了“逸飞之家”，让七彩蝶有永远的栖息之地。睹物思人，人亦感怀——小巧的石门，青砖铺成的路，迎门大厅中央伫立的一尊陈逸飞半身铜像，光阴被锁住了，画面被定格了。再细看那尊铜像，“他”似乎还在侧目远望窗棂外古老的双桥……

沈万三

周庄的古镇，流行万三蹄。

随着时间的推移，作为富裕和吉庆象征的万三蹄已成为周庄逢年过节、喜庆婚嫁的主菜，亦是招待宾客的上乘菜肴

蹄髈肥而不腻，肉质酥烂，入口即化，到周庄的游客临走时，总会捎上几只万三蹄作为土特产馈赠好友。

万三蹄和明代的沈万三有关。沈万三不仅在江南名气响当当，也是当时的全国首富。他并不是周庄本土人，只因元代末年，老家湖州发生水灾，沈氏连夜逃到百里外的周庄。周庄土地肥沃，气候温和，从此，沈万三以躬耕起家，随即“广辟田宅，富累金玉”，以至“资巨万万，田产遍于天下”。周庄八景之一“东庄积雪”，描绘的正是沈氏庄园当年的景色。东庄有着许多巨大的粮仓，每年都储藏着无以计数的粮食。不久，沈万三得到了苏州富室陆德源的意外巨资，如虎添翼。

沈万三凭借他非凡的经商头脑，开始了“竞以求富为务”的对外贸易活动，很快使自己成为江南第一豪富，创造了令世人难以想象的奇迹。

民间开始传说沈万三有一只聚宝盆，取之不尽，用之不竭，财富源源不断，滚滚而来。

但民间也有句古话——树大招风。

豪富沈万三答应朱元璋修城墙，负责修筑聚宝门至水西门一段，还有廊房、街道、桥梁、水关和署邸等相关工程。他不仅延请一流的营造匠师，还整天在工地上督促进度，检查质量。尽管一些“检校”常去工地制造事端，捞取油水，沈万三却依然比皇家修筑的城墙提前三天完成。可这样做，恰恰大驳了皇帝的面子。随之，他竟又向朱元璋提出，打算以自己的百万两黄金，代替皇帝犒赏三军。明太祖龙颜大怒，于是他被籍没家产，发配充军云南边陲。

物极必反，乐极生悲。沈万三在云南边陲度过了一生中最后的岁月，终老异乡。身边的亲人将他的遗骨运回发迹地古镇周庄，葬于银子浜下。民间传说，银子浜的尽头有水一泓，下通泉源，旱岁不枯。水下有一个古墓，非常坚固，里面埋葬着沈万三的灵柩。

沈万三的故事，往往会使人听完后唏嘘不已，开始思考人生的要义。沈万三慷慨解囊，没料到等待他的却是一场噩运。彼岸苍茫，谁也无法预测人生接下来的情状。

去沈厅转转吧，沈厅是整个周庄最值得一游的。这个由沈万三后裔沈本仁于清乾隆七年（1742）建成的古建筑占地两千多平方米，位于富安桥东堍南侧的南市街上，坐北朝南，七进五门楼。沈厅由三部分组成：前部是水墙门和河埠，专供家人停靠船只、洗涤衣物之用，这可是私人码头；跨过门槛，层层往里探，中部是墙门楼、茶厅、正厅，是接送宾客、办理婚丧大事和议事的地方；后部是大堂楼、小堂楼和后厅屋，为生活起居之处；扶梯而上，是主人的卧房，前后楼屋之间均由过街楼和过道阁连接，形成一个环通的走马楼，是同类建筑中罕见的。

沈厅原名敬业堂，清末改为松茂堂

沈家是豪华的，梁柱、门楼、屋檐……无不精细雕刻着线条流畅、栩栩如生的人物和神话里的飞禽走兽。一个屋子一个屋子地细细品味，我恍惚看见当年那个富甲一方的沈家，人来人往，极为气派。万幸，建筑把沈家的骨架留下了，而骨架中曾有的一切，都留待后人慢慢想象。

南湖春秋

依然和水有关。

盈盈一水间，脉脉不得语。江南的情韵通过水来传达。往周庄南面走，可一直走到一望无垠的开阔水面前，此处，你可以静静待上一个时

辰，来感受“南湖秋月”和“庄田落雁”。

据《周庄镇志》记载，南湖本名“张矢鱼湖”，是因为西晋文学家张翰（字季鹰）而得名的。张翰“有清才，善著文而放荡不羁”，他实在看不惯当朝政治腐败，便找了个冠冕堂皇的理由，说嘴馋家乡的莼菜、鲈鱼，所以要弃官返乡。“莼鲈之思”也就成了思念故乡的代名词。

放眼南湖，湖水清澈，湖滨竹木茂盛，鸟类群集，优哉游哉于南湖之上，能感受到田园闲适之趣。张翰荡舟南湖，岂无精妙之句？连宋代的欧阳修也赞叹他这种隐士之风：

清词不逊江东名，怆楚归隐言难明。

思乡忽从秋风起，白蚬莼菜脍鲈羹。

南湖，俗称“南白荡”，系地域上与吴江的分界处。往西是吴江的屯村和同里，往东南是上海的青浦。白茫茫一片水域，是天然水库和鱼虾养殖场，也是充满诗情画意的赏景之地。唐代的刘禹锡和陆龟蒙也常在此处悠游。湖边原先还有一座名曰“清远庵”的佛堂，堂内设刘公祠，“刘公”就是刘禹锡。刘禹锡任苏州刺史时，颇有建树，为民办了许多实事好事，刘公祠现在南湖园内。

南湖园春夏秋冬四个区各具风韵。春夏区以荷花池为中心，满眼碧绿，荷香怡人；秋景区最是醉人，去思鲈堂、季鹰斋、刘宾客舍、梦得榭走一走，坐聊、品茗、饮酒、吟诗，古人的心境大可以来体会一番；冬景区是以全福讲寺为中心的、规模宏大的具有宗教色彩的建筑群，这一派“水中佛国”的超然胜地，在彼岸迢迢牵引着来自四面八方的善男信女们。

迷楼、三毛茶楼

一定还有什么，让你在周庄古镇流连忘返。

迷楼原名德记酒店，因《迷楼集》而闻名

是“贞丰桥畔屋三间，一角迷楼夜未关”的热闹场景？

那就去迷楼吧，去瞻仰柳亚子和南社成员们的风姿。其蜡像栩栩如生，直接再现了当时的场景。五四运动后，柳亚子革命热情高涨、心潮澎湃，那晚正是在周庄，他和南社社员王大觉、费公直聚集在德记酒楼。他们把酒临风，谈兴正浓，诗兴大发，以江南妩媚精致的风光、店家千金阿金姑娘沉鱼落雁的美貌和酒店里的美味佳肴为题，一夜口占诗词五十余首。事后，柳亚子又搜集相关唱和诗词一百四十余首，定名《迷楼集》。

一幢普通的砖木小楼，因为《迷楼集》而闻名遐迩。“楼不迷人人自迷，夭桃红换蘼芜绿”，这迷人的诗句传达出了诗人柳亚子的心境。不明就里的人误以为柳亚子是风流才子，被阿金姑娘的美色所迷惑，而柳亚子为了保护革命同仁，将错就错，也不去解释。风流已被雨打风吹去，如今迷楼仍门庭若市，迎接着南来北往的游客。

一定还有什么让你驻足回望。是台湾作家三毛在周庄的凄婉传说？

三毛茶楼在萧萧雨雾中表达出这位至情至性的女作家对周庄水乡

古戏台

的热爱。楼主张寄寒老先生谈起和三毛的书信交往，不免要唏嘘感慨。他曾在信中兴致勃勃地向三毛“汇报”：“我替你搞条小船，荡漾在故乡那井字形的河道上，在那浩瀚的南湖里……”而三毛也兴致高涨，回应再到周庄时一定要大啖螃蟹。“今生可以放怀大食一次大闸蟹，可以瞑目了！”她在信中由衷地表达真情，对周庄本土作家张寄寒老先生说：“真好，周庄有你！”

可是，从春夏盼到秋冬，盼来的却是三毛的噩耗。张老先生面对故人书信，物是人非事事休，哀从心生。他整理出三毛和自己交往的书信，并开了一座茶楼，命名为“三毛茶楼”。让所有热爱三毛的读者坐在茶楼中，追忆三毛的音容笑貌，来感悟她心中那份对江南的惦念之情。

曲终

一日，我到周庄，已是薄暮时分，游人散尽。

只剩偌大的古戏台，在余晖下，空落中盛载着旖旎与繁华。于是，坐在红木长条凳上，入神，出神。似乎，珠帘下那正旦、贴旦、巾生、雉尾生、大面、老外，各行当鱼贯而出，一番热闹之后，只剩闺门旦一人，在后花园似缱、自怜、怅然、泪悬。

空空荡荡，没有布景，一桌二椅而已。

那满城风絮，关山横渡，都在演员的唱念做打中形成。天真的假想，虚幻的空间，却又无限真实地笼罩着每一个入戏的人。

无形胜有形。闲愁几许，弥漫开来；汉家陵阙，在西风残照下格外寥落；而那闺中孤独的爱情，从来都是一个人的。扇子在手中不停翻飞，花花草草依着她一起伤感，宽大的衣衫、舞动的水袖，暗藏着千回百转的柔情，与满腹的心事。

单看《寻梦》好了。一个人的欢喜与悲伤。羞羞答答，又频频回首，碎步轻移，心事联翩。

“最撩人春色是今年，少甚么低就高来粉画垣，原来春心无处不下悬。睡荼蘼抓住裙钗线，恰便是花似人心向好处牵。”

于是想那儒雅的巾生，对着飘落的花影儿呆上半天，想得离魂。

魂到哪里去了？在摆渡的舟里。

爱情，从来就是女人单个的事，白素贞为了要一份人间的爱情，对许仙百般的好，扛住了一切重压，而许仙呢？在法海的蛊惑下到金山寺进香，一去不返。有人说，法海的怀疑就是许仙的疑虑，法海的不许就是许仙心中的禁忌。法海仅是许仙的分身。

男人躲了起来。女人在隔岸使出浑身解数，也还是徒劳。于是，转身，只能沉浸在自己对爱情的迷醉状态中。忧伤，思念，魂牵梦绕，而把生死看成了一般模样。

世人多为翁美玲遗憾，这么俏的妮子，犯不着为了情字而香消玉殒。倘若换到现在，有哪个女艺人会像翁美玲一样榆木脑瓜？

茨威格《一个陌生女人的来信》，写的也是女人一个人的爱情。我爱你，却与你无关。语言铿锵，冷漠，又执迷不悔。一月月，一年年。

不禁心酸，为女人爱上虚构的爱情。

月光照着花枝，独眠。杜丽娘心生悲情，泪眼问花：

“似这般花花草草由人恋，生生死死随人愿，便酸酸楚楚无人怨。待打并香魂一片，阴雨梅天，守的个梅根相见。”

感情在昆曲里放大到了极致，似乎，只要它了！任凭消得人憔悴，也无所谓，离恨归天，成了鬼，依旧能为情而回转阳世。

对岸的爱情，在一片蒹葭中，愈发显得凄美而婉约。

槐花片片。飘零在我身上。

戏台上，空无一人。那番缱绻与零落，只是我的幻觉。演员早卸妆去酒店赴宴了。我却舍不得离开，守着空落落的戏台，咀嚼那一段未了的旧情。

天色，暝暗。我像一块四四方方的青砖，被抛在了河底。我倒愿意，等待数千年后的打捞，如同昆曲，经历漫漶，却仍有人读懂它迁延顾步中的惆怅和怃然。虽听戏的人不多了，但终究没有尘封，那一颦一笑，一言一语，写尽前世的风雅。

周庄夜景

千灯：捧一盏心灯

千灯，这名字，给人感觉暖暖的，似乎千万盏灯火点缀民间，摇摇曳曳，其间连缀着历史的纵深感，仿佛借着灯光，一眼能窥到长河之尽头。其实，千灯原来被民间唤作“千墩浦”。据《淞南志》记载，在昆山东南十八公里处有一条河，是苏州城的吴淞江流经这里，这江的南北两岸，有墩数以千计，故名千墩。这千只墩啊，说不定是史前良渚文化的遗存……

千灯馆

这里是千灯镇的千灯馆。

千灯素有“金千灯”之誉。“灯”乃光明之象征。灯火辉煌，万家灯火，是千灯的理想，“金千灯，夜江南”是旅游者的向往。2005年，在北京古灯收藏家殷小林夫妻支持下，千灯辟“李宅”为“千灯草堂”，展陈共一千一百三十三盏灯，分类分室，专柜陈列，真可谓：“历十二朝，凝聚人类智慧；经五千年，熠射天地光明。”

汉代青铜龙手柄行灯、汉代灰陶胡人佣灯、三国石猴顶灯……从原始社会到商周时期，从秦汉到晋隋唐宋元，从明清到民国、近代的各类灯具，让你置身于恍惚之境。

我从千灯馆出来时，也仿佛捧着一盏心灯，方向和力量都攥在手中。

我来千灯，第一件事是想吃碗正宗地道的昆山奥灶面。跨过三座石

牌楼里

千灯石板街，轻轻踏步上前，能走出江南文化的温软感，也能走出历史的沧桑感

拱桥，向右一转，就来到一家百年奥灶面馆。旧式的书场仍在，上下两层，据说以往上海的老客人就喜欢周末来此地吃味美鲜醇的红汤爆鱼面，并听说书先生讲一段《玉蜻蜓》，真正原汁原味。

早闻得这里有一条始建于南宋的石板街，河路并行，共有两千零七十二块花岗石板。轻轻踏步上前，能走出江南文化的温软感，也能走出历史的沧桑感。理发店、茶楼、深宅、店铺……或一条里弄直通临街的河。斑驳的墙旁侍弄着数盆妖娆的花，开得极好，农具歪斜地靠在墙角，仿佛劳作刚刚归来。开轩面场圃，这是中国田园生活的魅力。

顾坚纪念馆

进入千灯古镇，我先被一座亭子吸引——“牡丹亭”，居然堂而皇之用这名字，旁边的对联是：“赏心乐事亭台外，姹紫嫣红牡丹开。”原来这里是昆曲发源地，古戏台比比皆是，当夕阳西照或月色朦胧之时，那多情男子和痴情女便开始上演“生者可以死，死可以生”的缠绵悱恻的爱情故事。

沿着那条长长的石板街，我先到了顾坚纪念馆。这是一个不大的院落，院子里的树几乎遮住了天空，因而走进来时显得特别阴凉。纪念馆一楼是个小剧场，每天下午演奏江南丝竹。演出时间还没有到，舞台上一位中年男子正在试琴，并和另一位穿蓝花布的女子低头交流。台下已坐满许多老头老太，这些老年观众衣着整洁，皮肤白皙红润，哪里像乡下的老头老太？看得出来他们都是常客，身边桌子上放着自带的泡好茶的茶杯。

小剧场两侧的对联颇有意蕴，“秦峰塔下调寄南曲典奥，千墩浦畔腔创昆山正声”，它强调了这拥有两千五百多年历史的古镇千灯才是昆

顾坚纪念馆

曲的真正发源地，而鼻祖顾坚是昆曲创始人。当然牛皮不是吹的，在魏良辅的《南词引证》中有一段记载：

“元朝有顾坚者，虽离昆山三十里，居千墩，精于南辞，善作古赋。扩廓帖木儿闻其善歌，屡招不屈。与杨铁笛、顾阿瑛、倪元镇为友。自号风月散人。其著有《陶真野集》十卷，《风月散人乐府》八卷行于世。善发南曲之奥，故国初有昆山腔之称。”

这条记载表明，顾坚是元代人，比魏良辅早了约两百年。顾坚和他的朋友们形成了既定圈子，赏月游玩，吟唱赋诗，其中包括大名鼎鼎的元四大家之一倪云林。尽管他是昆山腔的核心人物，但顾坚当时的社会地位不高，不被社会承认，连后来的《昆山县志》都找不到他的名字。这都无关紧要啦，高手在民间，在百姓心中，自然这历史钩沉还是会被打捞出来的。

见到沿河槐树下一对青年男女痴痴相望，眼神有些迷离，莫非是杜丽娘、柳梦梅转世？风拂起水中涟漪，水中的鸭子成双结对，空气里流淌的是爱情的风。传说汤显祖创作《牡丹亭》，正是做客昆山千灯的同年进士徐应聘家，他推窗凝望，见后花园中鸳鸯对对，柳絮飘飘，而才子佳人也翩跹而至，这实在是很有意思的事。

贻安堂

沿南街一直向南走，即可到达一座古宅前。门朝东，白墙黑瓦，门面开阔，气派不凡。这就是爱国学者顾炎武故居——顾氏南宅“贻安堂”，是千灯大户名宅古建筑群中最值得称道的。“保天下者，匹夫之贱，与有责焉耳矣。”这话是顾炎武在《日知录》中说的，后来梁启超在《无聊消遣》一文中将顾炎武的话概括为“天下兴亡，匹夫有责”，这八字震耳发聩，流传至今，成为格言，激励黎民百姓在危难时刻的挺身而出和紧要

关头的义不容辞。

顾炎武是从古镇千灯走出去的一个少年，“平生精力绝人，自少至老，无 刻不离书”，可以说是手不释卷。顾炎武十四岁考中秀才，之后参加乡试却名落孙山，从中他也看出了科举考试的弊端。昆山沦陷之后，他一心投入到反清复明的斗争中，无论是福州、绍兴还是太湖，哪里有反清复明的苗头，他就心急火燎地投入其中。

我到亭林祠的时候，日落黄昏。轻悄挪移脚步，“芝兰玉树”的门楼精雕细刻、高端大气，这四个字比喻有出息的子弟。

没想到顾宅园子内气象很大，景色疏朗，曲水清波，绿荫如盖，亭台楼阁错落其间。人走在石桥上看池鱼游弋，又穿梭游廊闻藕花飘香，心旷神怡。

不知不觉间，走到亭林墓，露台均用花岗石砌造，石阶七级，围以石栏杆，石碑上刻有“顾先生亭林暨配王硕人合墓”，墓上青草依依，旁边古柏森森，非常肃穆安静。

鞠躬拜谒，儒生以文为器，以书为械，实属大丈夫气概！

顾炎武在千灯古镇生活了三十九年，后半生主要在北方游学。清康熙二十一年（1682）正月，顾炎武在曲沃因骑马摔伤，当天病故。到了三月，族弟从千灯赶来，扶柩而归，将顾炎武葬在千灯顾家祖茔，传奇的是，顾炎武常年所骑的老马，也郁郁而死，人们只好将马骨也运回千灯，葬在顾家读书楼边。

延福禅寺

书法家老朱年轻时响应毛主席号召，“不做城里的闲人”，于是上山下乡，来到千灯古镇。

劈柴，喂猪，挑担……乡下人该做的事他也一件不落下，逢节日期间，大碗喝酒，朴实的村民轮流敬酒。虽然一天体力活让人筋疲力尽，但只要手上有一羊毫笔，青灯如豆，老朱的心会特别安静，他一笔一画写小楷《心经》，这和古镇淡泊宁谧的生活非常匹配。

古镇有一个千年古刹，始建于梁天监二年(503)，寺院取名延福禅寺，一直香火旺盛。清同治二年(1863)毁于战乱，后来有所恢复，但总是不兴旺。直到2004年，世界第一大玉佛落户千灯古镇，这里又成了古镇人气鼎旺之地。玉佛静静卧躺着，姿势优雅，俏目仍怜悯着苍生。她长八点九米，高两点四五，宽一点三五米，镶嵌有一千五百多颗红宝石、蓝宝石和翡翠，莲花座和衣纹用纯金镏金而成，整座佛像华贵端庄，2004年10月被纳入上海大世界吉尼斯之最。

百姓奔走相告，世界第一玉佛与千灯的缘分，正体现了此处祥瑞高照啊!

寺庙里还有一宝，秦峰塔。砖木结构，近四十米高，正方形的平面，每一面都有门，边上是砖柱，上乘斗拱，腰檐平座，铁制的塔刹，七米高，两千余斤重，有承露盘，相轮四重，宝珠宝瓶，制作十分精巧，百姓称它“美人塔”。可不，当旅游者进入古镇，抬头望见的便是它的绰约风姿。

离开千灯时，正是月上柳梢头，万家灯火闪亮，璀璨之光辉映千灯的时候。店铺早早打烊，狗站立桥头眺望，百姓在树下端出方桌喝酒、吃晚饭、吹牛，该什么样的生活状态还是什么样的状态。

千灯似乎没有沾染太多的商业喧嚣之俗，它只是在自己原有的节奏中生活。

篱笆上的牵牛花收拢它明艳的花瓣，就连流水也是脉脉相望，灯映在水中，水糅在灯中，千灯古镇恍恍惚惚，景象万千。

俯瞰延福禅寺，宝塔为秦峰塔，百姓称它「美人塔」，旅游者进入千灯古镇，抬眼望见的便是它的绰约风姿

锦溪：睡梦中的少女

锦溪古镇，与周庄、千灯毗邻而居，但自有她的特色——有人用李太白的诗作比喻，“清水出芙蓉，天然去雕饰”，现代作家沈从文形容她为“睡梦中的少女”，这不免让人神思悠远，遐想这是怎样一个别有韵致的古镇。

锦溪确实有一条溪，色彩斑斓的溪水是江南发达水系的一个典型。整个锦溪古镇处于水乡泽国，来看看周遭围绕着的几大湖泊吧——五湖三荡一条溪，这五湖是淀山湖、澄湖、五保湖、万千湖、白莲湖，三荡是明镜荡、长白荡、汪洋荡，一条溪就是锦溪了。白茫茫的水汽氤氲，河流碧水流翠，回绕于五湖三荡怀抱，流淌经过众多湖泊河道，逐一穿过飞架横跨其上的形态各异的石桥，在蜿蜒曲折中向世人缓缓舒展开一幅两千多年来的人文历史水墨画卷。

回到沈从文，他是在湘西水边长大的，对水情有独钟。1976年夏天唐山大地震之后余震不断，也殃及北京。张兆和提出，不如回苏州住吧。于是他们来到了锦溪的亲家家里。住在锦溪的沈从文由张兆和陪着在老街上走走，弄堂里转转，古桥旁看看，河埠上坐坐，简直有点颐养天年的意思了。沈从文最会心的，仍旧是流水。他说，家乡的沅水，好比是赤膊拉纤的男子汉，而锦溪的流水，仿佛睡梦中的少女。

我沿着锦溪古镇，看那庭院深深错落有致，粉墙黛瓦飞檐翘角；参差相向的院墙，构起弄堂小巷；街巷青石铺就，两侧酒肆毗连商铺林立；民居邻水而筑，远近的石驳、河埠、廊桥的青瓦、红柱、“美人靠”以及往来舟楫形成小桥流水人家的江南特色。我在思忖梦中少女的味道，那该是如何一种香甜、柔美、呢喃呢？有着思无邪的醇挚，还是有着绕床弄青梅的天真？

古莲桥

一直往南走，走到了一片水面开阔处，先见游船宁谧于碧波之中，寺庙伫立于苍天之下，又顿见香荷漂浮于五保湖，古莲桥盈盈静卧湖中。我内心迸发出一阵狂喜——这正是我众里寻他千百度的意境，原来它就在那儿安静等待着。

古莲桥上的长廊有依依惜别的深情，我爱煞了它。我仿佛看见《西厢记》里崔莺莺泪眼婆娑地怅望着张生，不知道他是否能考试中榜，不知道他是否对她一往情深。黛色迎船绿，岚光泼棹青。桥上的亭子更是远眺游子是否归来的绝佳处。离愁渐远渐无穷，迢迢不断如春水。这五保湖中的水啊，荡漾着离愁别绪，舒展着江南涟漪。我在长堤上行走，整个长堤都有朱漆栏杆和长廊，湖上景色尽收眼底而无雨淋之虞，当地百姓喜欢称它“廊桥”。

好浪漫的名字！廊桥遗梦——看那蛋青色天宇，和湖水脉脉相合，隐隐约约我又瞥见五保湖中有一芳草萋萋的小墩，如碧螺浮于水面。原来这是锦溪另一标志性景点：陈妃水冢。

南宋梁红玉辅助韩世忠在苏州黄天荡击鼓退金兵的故事可谓脍炙人口。相传，陈妃也是位通兵法的奇女子，且与梁红玉私交甚好，随皇帝出征抗金，途经锦溪时，一说陈妃为护驾不幸中箭，不治而亡，一说因螃蟹吃多了，得寒疾病殁，还有是说南渡时被俘，为保名节投五保湖自尽。总之，那位陈妃命殒锦溪，南宋孝宗帝赵昚遂葬陈妃于此，并易名锦溪为陈墓。从此这地方以陈墓为地名长达八百多年。

妃子殒殁而不入皇家陵园是为稀。江南水乡泽国之故，孝帝没有将陈妃葬于岸上，而是将其葬在了五保湖中的一独圩墩，陈墓就成了一座四面环水的水冢。奇特的水冢让历代诗家留下诗篇无数，文徵明《陈妃水冢》诗尤其让人感慨：

谁见金凫水底坟，空怀香玉闭佳人。

君王情爱随流水，赢得寒溪尚姓陈。

几百年来，这湖中的独圩墩水墓无论遭遇怎样的汛期大洪，即便水漫全镇，沉浮间陈墓也从来没被淹没过，是为奇。

城镇无名人坟冢者寡，但因一座墓而闻名的城镇也是鲜有。改革开放后，1993年锦溪才恢复古名。镇里重修了陈妃墓，建了一座石牌坊，左右是两座亭子，墓前立了陈妃塑像。堤南湖里种荷花，堤北种菱角，春夏之交是最明媚鲜妍之时。陈妃这位不知何处人士的女子，永远长眠在江南的"金波玉浪"中，被无数人凭吊——借用徐志摩的一句诗："她是在梦中，梦里是甜美的光辉！"

莲池禅院

古莲池畔是莲池禅院，禅院内还有文昌阁。按堪舆之说，若将锦溪比作一条龙的话，那么此处就是最为生动的五官齐全的龙首。水冢的银色，莲池的翠绿，禅院的杏黄，文昌阁的粉黛便是锦溪的华彩，缺一不可。

尤其是那座金碧辉煌、殿堂廊庑、室阁亭楼、水榭画舫一应俱全的莲池禅院，更是江南负有盛名的佛门圣地。禅院自然与静卧一片湖水中的陈妃密切相关。

资料记载：禅院是宋孝宗为纪念陈妃钦赐的庙宇，原名古莲寺，从隆兴二年（1164）到嘉泰三年（1203），足足修建了四十年。就建筑布局而言，莲池禅院不仅不输任何古刹名寺，更有其与众不同之处，而最大的不同就是禅院正门面北而开。

有人说，宋孝宗宠妃陈氏的墓冢在南面五保湖中，禅院面湖而正门北开是便于僧侣正对着墓，为陈妃诵经超度，同时也方便了水岸百姓进寺烧香拜佛。也有人说，锦溪历来就是风水宝地，犹如盘龙，有龙爪，有龙门，莲池禅院则似龙口中的夜明珠，统治者怕这盘龙再起搅乱了天下，所以愣是改了门的朝向，以转风水。

似乎前说尚且可信，后说则不乏传奇色彩。

蓝天碧水间，水面青盘滚珠，空中荷藕飘香，水岸莲池古寺，周遭香烟缭绕，钟鼓木鱼声声，徜徉徘徊其间，遥望氤氲水汽中的陈妃水冢，此情此景，任谁都免不了会感慨起明人沈周的那声叹息：

君恩付流水，无复吊仙姬。

有客捞明月，香魂应借辞。

锦溪古镇上的百姓晚饭后沿着莲花禅院附近一带快步疾走。健身、远眺、闲聊，这成了他们的日课。我混杂在他们中间，嗅着晚风，听着他们的方言，内心格外平静。爷爷奶奶牵着孙子孙女的手，走走停停，有时弯下腰来和池中的鱼儿打招呼，有时也拿出手机拍古莲桥美景图。

我忽然很是羡慕，如果能在这古意盎然的小镇长大，从扎着羊角辫的黄毛丫头一直蜕变为娉娉袅袅的二八少女，该是怎样一种福分？

三十六座桥

锦溪民谣中有一句，“三十六座桥和七十二只窑”，点出了古镇特色。

桥大多是明清时期建造的，桥上的碑记、桥联、花纹依然清晰而历历在目。苍颜斑驳的古桥梁——拱桥如弯弓满月，平桥如古道恬静，风格各异，意韵悠长，从而形成了锦溪独特的桥文化。

桥洞两侧皆镌有桥联。天水桥上是“愿天常生好人，愿人常做好事”。太平桥上是“东迎薛淀金波远，西接陈湖玉浪平”。对联中的“薛淀”，即“薛淀湖”，是“淀山湖”的古称；“陈湖”即“澄湖”。相传这里本是一个繁华可以和苏州比肩的城市，后来地壳陷落，才变成了湖。《吴县志》中记载：“陈湖，相传本邑聚所陷。湖滨浸浦禅林内，明弘光元年所铸钟上，有唐天保六年春地陷成湖等字。”但考古发现证实，陈州是在宋代连续发生的水灾冲击下，陷落成湖的。太平桥上的桥联，也让人领略了古镇悠久的历史。

镇上原有中和双桥，始建于元代，后人合而成一。桥畔桃柳纷披，两岸绿浪掩映。明代诗人王大津作诗赞叹：“空谷无人响石泉，隔溪苑屋见炊烟。东江故遣飞花出，知是桃源别有天。”诗人归世昌也有诗曰：“柳带萦桥水面齐，沙明日暖鹧鸪啼。春来两岸桃争放，不是渔人也欲迷。”

在锦溪，保存完整的古桥，还有南塘桥、十眼桥、众安桥、菉荇桥、溥济桥、普庆桥、具庆桥、隆福桥、丽泽桥、黄公桥、青龙桥、虹桥……真是抬头见桥，举步是桥。

而十眼长桥的风姿最使我难忘。它横亘于锦溪的静水香荷之上，似镂空屏风，漏着光影，透着风情。拾阶抬步，行于桥上，但见顶棚飞檐翘椽，雕栏匠心独具，美人靠布局精巧，那种恬静幽雅，那份古意盎然，让人甚感惬意。

十眼长桥原名十孔桥，这不由让我联想到我居住地不远的宝带桥。宝带桥建于唐代，为古代第一石拱长桥，五十三孔，全长三百一十七米，因当地刺史捐玉带而建且形似宝带而名，与赵州桥齐名。我常常在中秋佳节之际造访宝带桥，看月影沉醉，听橹声欸乃。可见，这有“小宝带桥”之称的十眼长桥同样有“玉轮初出无纤云，五十三拱各一月”的人间奇观。

皓月当空，澄澈万里，湖波青光；一环一月，明月倒影，清辉波光交相辉映。古镇的人们不急不缓，他们懂得去欣赏万物里的玄妙，知道如何在美的澄澈中净化心灵。

七十二只窑

七十二只窑其实也是个约数，说明锦溪是砖瓦之乡。

著名的中国古砖瓦博物馆，坐落在上塘街的丁宅内。歌德说，“音乐是流动的建筑，建筑是凝固的音乐”。如此看来，砖瓦就是那跳动的音符。那一片片、一块块古老、拙朴、厚重却不失美丽的砖瓦，如同一串串音符，谱就了一首经典名曲。这悠扬之音从历史深处飘来，吟唱着人类文明史的更替与演进。

“丁宅”是一个清代民居，原为十一进院落，一条备弄就长一百二十米。如今前四进辟作中国古砖瓦博物馆，各类古砖瓦珍品琳琅满目。馆内珍藏最早的一块砖距今已有五千余年历史，为良渚文化遗物。它由黏土、砻糠和稻草糅合夯实，并以竹竿和芦苇做骨架，经大火焚烧而成，考古界称之为“红烧土”，也就是砖之“元祖”。

馆藏瑰宝“铜雀瓦”是建安十八年（213）曹操在河北临漳建造的金凤台、冰井台、铜雀台之遗器，筒瓦背面镌有“建安五年三月造”。当年的铜雀台早已被历史的风尘所湮没，这片筒瓦却历经一千七百多年，仍妥善地保存于江南小镇一隅，让我的思绪忽地飞到波澜壮阔的三国时代……

一组宋元明清特色瓦当吸引了我的视线。这些瓦当涉及龙凤、花卉、鱼虫、松梅竹菊、石榴莲理、富贵牡丹诸多图案，或粗犷写意，或精细雕刻，品质之高，收藏之全，令人赞叹。宋元时期起，古砖瓦的装饰艺术从皇家宫廷惠泽到了民间，为古砖瓦艺术的文化传承创造了便利。从江南民居到苏州园林，从“徽商”到“晋商”豪门府第，乃至北京四合大院，使用的古砖瓦雕饰无不构图新颖、刀功传神、工艺精湛。

陈列于博物馆正厅的一排“金砖”乃是铺设皇宫地墁的方砖。据馆中资料介绍，金砖乃钦工物料，质量要求十分苛刻，只有色泽纯青，敲之铮然有声，且完好无损才算合格。“金砖”规格大、易于变形，成品率极低，一般十块砖坯中仅出一到二块成品。“金砖”的产地在苏州，加上昂贵的运输费用，因此历史上真有“一两黄金一块砖”的天价。

一块砖一片瓦，就是一幢宅子一户人家，就是一番经历一段故事。

“旧时王谢堂前燕，飞入寻常百姓家”。或者是，“东风不与周郎便，铜雀春深锁二乔”。后人站在这最古朴的砖瓦前，听到的是点点滴滴历史的回音。

如今，锦溪以千年历史文化为底蕴，以古镇、古桥、古河为依托，精心打造“中国民间博物馆之乡”，已经拥有中国古砖瓦博物馆、中国历代钱币珍藏馆、华夏天文馆、华夏奇石馆、华东第一古董馆等十五家博物馆。

悠着点，慢慢在古镇品味吧！

锦溪丁宅，如今前四进辟作中国古砖瓦博物馆，各类古砖瓦珍品琳琅满目

浏河：六国码头，江海雄风

江南的古镇，多给人一种温婉、精致之感，浏河古镇则不然，作为江尾海头第一镇，这里有澎湃的惊涛骇浪，有豪迈的江海文化，有博大精深、海纳百川的独特胸襟。

浏河，史称“刘家港”、“刘家河”、“刘河”。

这是三国时孙吴政权的江防重地，这里是元朝海上漕运新航线的起点，这里有长三角首座宫庙灵慈寺的遗迹，这有里历代官员化水患为水利的智慧，南宋时韩世忠抗金的战鼓在这里擂响，明朝时郑和船队七

下西洋在这里起航……这里是天下粮仓富足古今，是六国码头汇聚中西，是名副其实的江海福地。

站在浏河口，烈烈雄风拂面，能直接感受“海洋之襟喉，江湖之门户”的气魄。遥想明朝，从事海上运输和贸易的商贾纷至沓来，往返于此的漕船、官船、商船、盐船络绎不绝，六国码头气象万千。我张开双臂，仿佛在历史画面中穿梭，天空蓝得耀眼、洁净，江边芦苇萧萧，一切似乎都仍没有逝去……

物理女皇吴健雄

进入古镇街区之前，先上一碗河豚！这里是美食之乡，“江河海”三种水产汇集，尽可以享受饕餮盛宴。提起“长江四鲜”，就会让人垂涎欲滴。民间有“拼死吃河豚”的说法，可见河豚的肉质有多丰腴鲜美。

慢慢品河豚的肝，细细吃河豚的鱼皮。“一朝食得河豚肉，终生不念天下鱼”，吃完美食，我心满意足地朝老街走去。

沿街走不多远，便听到校园铃声——明德中学，这可不是一所普通的学校，物理女皇吴健雄曾在这里就读。

1936年，浏河出生风华正茂的吴健雄“出海”了，跟所有浏河人一样尝过江、海、河鲜的她，这一次所要“品尝”的是更为拼命的“洋鲜”。积贫积弱的旧中国，满目疮痍，一大批胸有抱负的爱国青年高举科学救国的大旗出洋求学。望着浩瀚的太平洋和渐行渐远的祖国，她不平静的内心突然涌起了一阵冲动，“大江歌罢掉头东，邃密群科济世穷，面壁十年图破壁，难酬蹈海亦英雄”，二十年前，周恩来东渡日本留学时写下的这首诗和家乡“明德”的启蒙教育，此时此刻是如此清晰地出现在她的脑海。

中西合璧下的量变到质变深藏着一个无穷大。若干年后，浏河的吴健雄在异国他乡的土地上写出了一页闪耀东方女性特有光芒的智慧书。1975年，距郑和“西洋”之行结束后的九个甲子，吴健雄出任美国物理学会会长，加之之前获得的美国科学院院士和美国艺术科学院院士等荣耀，让美国本土的那些科学家黯然失色。这位伟大的物理学家对自己处处节俭，却用获得的奖金和毕生积蓄为家乡教育事业做出了巨大贡献。

而今，吴健雄故居（紫薇阁）位于明德初中校园内，紧邻吴健雄墓园。台湾学者江才健写的《吴健雄墓志铭》用简练的词句概括了她不平凡的一生：

这里安葬着世界最杰出的女性物理学家——吴健雄

（1912—1997）

她的意志力和对工作的投入

使人联想到居里夫人

她的入世、优雅和聪颖

辉映着诚挚爱心和坚毅睿智

明德中学的吴健雄科技楼。物理女皇吴健雄曾在明德中学就读

她是卓越的世界公民和永远的中国人

天妃宫

加紧脚步，是想一睹江南地区最古老、最负盛名、最具独特历史价值的妈祖宫庙——天妃宫。

浏河的天妃宫为妈祖行宫，始建于北宋宣和五年（1123），由海商所建。历经元、明、清、民国多次扩建修缮，清道光四年（1824）林则徐任江苏巡抚时，曾重修天妃宫，至此初具规模，遂成祀奉妈祖的显要道教宫宇。

天妃宫雄伟的照壁砖上雕刻着四个大字“四海通达”，悬挂着的横幅上写着“热烈祝贺两岸文化交流活动成功举办”，可见，来自江、浙、祁、闽、台等地的信众，常年在这里共同参拜妈祖，祈求众生平安，希望福泽绵长。

走进天妃宫，便瞧见一尊汉白玉妈祖露天神像矗立在正殿遗址广场中间。妈祖像典雅、高贵、沉静，她祥和地俯视着众生。据说，每当出海之船遇有风浪危急，望空叩祝，向天后“借船”，以脱灾厄。凡得平安归来者，都雕木作小船，鼓吹送庙，以偿“借船”之恩。

后殿楼中，一尊新的二点六八米高的威严神圣天妃像慈颜面对世

天妃宫，照壁砖上雕刻着『四海通达』四个大字

人，将一切温暖、祝福、庇护带给人间。

郑和

江、海、河的交流互动，则从那次伟大的远航帆影肇始，定格于浏河。

公元1405年，农历是乙酉的鸡年，从侄儿手中夺得皇位才三年的明成祖朱棣，做出了或许是他一生中最值得称道的决策，派宦官郑和与王景弘等出使“西洋”。郑和，这位为朱棣夺取皇帝宝座立过军功的太监原名马三保，接受了皇帝的圣旨之后哪敢有半点怠慢，立即率水手、官兵计两万七千多人，乘坐长一百四十多米、宽六十米的“宝船”，从浏河出海了。

出发前，郑和照例要祈求此趟远航风平浪静。他带领水手及官兵，来到浏河那座天妃娘娘宫，在天妃娘娘的神像前点燃了香烛，随后虔诚地跪拜，口中念念有词。就在即将踏上流动国土“宝船”的一刹那，郑和深切地感受到了浏河这块土地的坚实和稳重，而天妃娘娘化险为夷、镇定慈和的神态，则给了他冲破一切艰难险阻的力量。

“起锚，开船！”郑和踏上了高昂的船头，发出了起航的口令，岸上、船上同时发出一片欢呼声！

可以毫不夸张地说，如破晓金鸡的这一声响遏行云的啼唱，震动了大明王朝对外开放的门户枢纽，让“西洋”占城、爪哇、旧港、满剌加、暹罗、苏门答腊、锡兰等国对中国有了更多的了解，而浏河也有了和世界接轨的初体验。

从1405年到1433年的二十八年时间里，这样浩浩荡荡的壮观场面竟达七次。每一次，浏河的激情澎湃都和万千远航健儿的激动心跳紧紧地

郑和公园里手持航海图的郑和铜像，和郑和铜像遥相呼应的是复制的郑和二号宝船

融合在一起；每一次，浏河的开放心声都要随三保太监的大军航达于五洲四洋。

驱车去太仓港口开发区的郑和公园。

水草丰茂，群鸥翔集，这里是休闲放松的好去处。

一入公园，即可望见一尊铜像：郑和手执航海图，昂首挺立在长江口当年七下西洋的起锚地，高大而典雅，宏伟而凝重。这尊铜像高十八米、重五十余吨，为国内最大，由一百多块锡青铜板装焊而成，安装用了

浏河南港堤

两个多月时间。

和郑和铜像遥相呼应的是复制的郑和二号宝船，也称“二千料郑和宝船”，投资一千二百多万元，船长七十一点一米，宽十四点零五米，这是为了纪念1405年7月11日郑和在太仓首航出海的日子，专家称，从科学的角度看，这一长宽比例也比较合适。船尾部有三层，近十八米高，桅杆高三十八米，寓意郑和曾经去过的三十八个国家和地区。

浏河港

江风，裹挟着历史的烟云，又承载着现代的要义。

到浏河，就一定要到浏河的长江口，率性地去迎接粗犷而绵长的江风。

站在长江口，我感觉到天格外蔚蓝开阔，云朵格外皎洁灵动。江河水翻腾着、咆哮着，不禁使人吟诵起那千古名句：“子在川上曰：逝者如斯夫，不舍昼夜。”这滚滚长江水啊，曾让多少人体悟出生命的短暂和渺小，但又催发多少人萌生出顽强旺盛的生命力和斗志！

浏河港集装箱码头业务繁忙，夕阳瑰丽的色彩洒在江面上，形成多姿旖旎的画面。有渔船在江浪中搏击，有白鹭在江面远翔，有芦苇萧萧凝练成古朴的雅意……

这些细节真实而温情地告诉着我：浏河，这里是江南丝竹和娄东画派的发祥地，这里是开放包容江海文化的典型地。我愿意听着江风，去追溯古镇浏河独特的人文历史！

后记

当我抑郁烦闷的时候，我会出门，开车，踩一脚油门，到距离学校几十公里外的太湖边。一个人，漫无边际地游走。被一棵瘦弱的芦苇打动，或者久久凝望着优雅的白鹭，什么都可以想，或者什么都不想。

我清晰记得，那个午后天寒地冻，我绕着太湖不知道开了多久，来到光福永慧禅寺，又冷又饿，心中茫然。常年居住在寺庙的婆婆领我吃了素斋，当碰触到我冰冷的手指时，她不无爱怜地说："小姑娘，要多穿点，自己的身体要自己当心。"

后来，我离开了体制，我拥有了大把时间，用来独处，用来写作，用来行走。我听到了内心的自己，我在那里翻翻拣拣、洗洗刷刷，或者跪在角落思考良久，记录点滴。

抱着地球仪，转了几下，最底部是茫茫南大洋。那里寒风肆虐，冰雪覆盖。我从来没有预想到我生命中第一次远行就会飞越千山万水，直指地球底部南极。机缘巧合——也许佛教中这四个字最能准确概括。我对自己说，我将面对世界的未知，每一个体验都将是崭新的。我也将如老子笔下的婴儿，专气致柔，来感受清新无欲的洁白天地。

再回到苏州，回到我熟悉的地方，我发现它同样值得我用脚步去丈量它的每一个角落，触摸它内心最纤细温柔的地方。古村落恬静淡泊的生活，小镇沿袭千年的民风民俗，吴地丰厚的历史文脉，将我的目光无数次牵引。

生命，就是一场盛大的邂逅，与古光福的梅花邂逅，与明月湾的古樟树邂逅，与沙溪的庵桥邂逅，与锦溪的古莲桥邂逅，与黎里的禊湖道院邂逅，与震泽的慈云寺邂逅……

每一场邂逅里我们读懂了自己，读懂了自己温热的心。我可以亲吻一片小小的碧螺春茶叶，可以深吸一口气，可以坐在山林边打坐，直至明月来相照。

由于长期生活在吴中区，对吴中的山水充满了感情，所以当笔墨染上吴中古镇乡村的氤氲水气，不由自主脚步就放得更慢了，在其他的地方的行走难免有些疏简——而书里每一个地方，每一扇门的背后又都充满了故事。笔墨不尽之处，还请各位读者谅解。

我也将继续行走，去继续感受每一场邂逅的诗意、温婉、悲壮。

感谢所有存在的一切。

葛芳 于清微居

2016年

图书在版编目（CIP）数据

古镇乡村 / 葛芳著. — 苏州：古吴轩出版社，2016.7（2024.9重印）
（典范苏州社科普及精品读本 / 蔡丽新主编. 读城行走苏州）
ISBN 978-7-5546-0716-9

Ⅰ. ①古… Ⅱ. ①葛… Ⅲ. ①乡镇—介绍—苏州市 Ⅳ. ①K925.35

中国版本图书馆CIP数据核字（2016）第168051号

责任编辑：张　颖
见习编辑：周　娇
封面设计：陆月星
装帧设计：唐　朝　韩桂丽
责任校对：戴　颖
责任照排：韩桂丽
图片提供：张炎龙　吴万一　张维明　邵家声　唐嘉鸿　钱伟刚　袁云华　江国能　傅静中
苗一峰　李鹏举　章醇凯　缪克强　申雪琴　谈晓华　莫丽娟　张红光　王绍云
钱御蛟　顾金星　马　健　邵　彬　十　贝　于　祥　唐伟明　葳　蕤　拉　拉
篆　　刻：卫知立

书　　名：读城 行走苏州 古镇乡村
著　　者：葛　芳
出版发行：苏州新闻出版集团
古吴轩出版社
地址：苏州市八达街118号苏州新闻大厦30F
电话：0512-65233679　　邮编：215123
出 版 人：王乐飞
印　　刷：苏州市越洋印刷有限公司
开　　本：905mm×1270mm　1/32
印　　张：8
版　　次：2016年7月第1版
印　　次：2024年9月第3次印刷
书　　号：ISBN 978-7-5546-0716-9
定　　价：48.00元